O OLHO DO PODER

FUNDAÇÃO EDITORA DA UNESP

Presidente do Conselho Curador
Marcos Macari

Diretor-Presidente
José Castilho Marques Neto

Editor Executivo
Jézio Hernani Bomfim Gutierre

Conselho Editorial Acadêmico
Antonio Celso Ferreira
Cláudio Antonio Rabello Coelho
Elizabeth Berwerth Stucchi
Kester Carrara
Maria do Rosário Longo Mortatti
Maria Encarnação Beltrão Sposito
Maria Heloísa Martins Dias
Mario Fernando Bolognesi
Paulo José Brando Santilli
Roberto André Kraenkel

Editores Assistentes
Anderson Nobara
Denise Katchuian Dognini
Dida Bessana

MAURÍCIO GONÇALVES SALIBA

O OLHO DO PODER

ANÁLISE CRÍTICA DA PROPOSTA EDUCATIVA DO ESTATUTO DA CRIANÇA E DO ADOLESCENTE

© 2006 Editora UNESP

Direitos de publicação reservados à:
Fundação Editora da UNESP (FEU)
Praça da Sé, 108
01001-900 - São Paulo - SP
Tel.: (0xx11) 3242-7171
Fax: (0xx11) 3242-7172
www.editoraunesp.com.br
feu@editora.unesp.br

CIP - Brasil. Catalogação na fonte
Sindicato Nacional dos Editores de Livros, RJ

S16o

Saliba, Maurício Gonçalves
    O olho do poder: análise crítica da proposta educativa do Estatuto da Criança e do Adolescente/Maurício Gonçalves Saliba. — São Paulo: Editora UNESP, 2006.

    Anexos
    Inclui bibliografia
    ISBN 85-7139-727-9

    1. Brasil. [Estatuto da Criança e do Adolescente (1990)]. 2. Direito das crianças - Brasil. 3. Menores - Estatuto legal, leis etc. 4. Delinqüentes juvenis - Reabilitação - Brasil. 5. Delinqüentes juvenis - Educação - Brasil. 6. Assistência a menores - Brasil. I. Título.

06-4535.   CDU 347.157.1(81)

Este livro é publicado pelo projeto *Edição de Textos de Docentes e Pós-Graduados da UNESP* - Pró-Reitoria de Pós-Graduação da UNESP (PROPG) / Fundação Editora da UNESP (FEU)

Editora afiliada:

Agradecimentos

Ao juiz da Infância e da Juventude da Comarca de Santa Cruz do Rio Pardo, São Paulo, Antonio José Magdalena, pela compreensão e confiança. Ao escrivão-diretor da 2ª Vara Judicial da Comarca, Marco Antonio Luiz, que nunca mede esforços para ajudar amigos; e aos funcionários do Cartório, em especial Raquel e Regina, que suportaram minhas perguntas e meus questionamentos por mais de um ano.

Ao Prof. Dr. Kester Carrara, pelo apoio constante, pela orientação sempre precisa e clara, pela sinceridade e honestidade com que pauta sua relação com todos, e, em especial, com seus orientandos.

À minha família, em especial a Ju, minha esposa, pela paciência de me ver dias e dias preso ao teclado do computador, a quem devo grande parte deste trabalho.

A Isadora e Isabella, que um dia compreenderão o motivo de tanto trabalho e perdoarão o tempo de convivência que perdemos.

Sumário

Apresentação   9
Introdução   15

1 O Estatuto da Criança e do Adolescente   23
2 Breve história da família e da criança   37
3 A educação disfarçando a vigilância   103

Referências bibliográficas   137
Anexo   139

Apresentação

Via de regra, instituições sociais constituem agências de controle do comportamento humano, no sentido de que prescrevem regras menos ou mais consistentes a nortear relações interpessoais. Estado, Igreja, imprensa, organizações não-governamentais e sindicatos, assim, são fontes dinâmicas e polêmicas de regramento comportamental. Trata-se de instâncias que, historicamente, vêm desempenhando função relevante na construção, na preservação e na destruição de práticas culturais amparadas em dogmas, cânones, normas, regras, estatutos, documentos de políticas públicas, recomendações formais e diversos outros formatos de prescrição ética da conduta. No entorno dessas instâncias, nos Estados de suposições democráticas, em geral os poderes Legislativo, Executivo e Judiciário constituem fontes (cada qual com um papel distinto e complementar) de controle deliberado das condutas individuais. Emanam daí, direta ou indiretamente, regras às quais se submete a sociedade num dado período histórico e sob determinadas condições contextuais (dimensões socioeconômicas, ideário político e modelo de Estado, apenas para exemplificar). O processo de produção de tais regras de conduta social, ainda que extremamente complexo e distribuído por inúmeras fontes, pode ser estudado criteriosamente sob diversos ângulos: seja o de sua origem, seja o de seu desenvolvimento histórico, seja o de sua aplicação, seja o de seus efeitos sobre as pessoas. Neste livro, Maurício Saliba escolhe uma dessas inúmeras fontes prescritivas de comportamento e a examina cuidadosamente, a partir de critérios claramente estabelecidos.

O olho do poder, sobretudo, se detém nas práticas vigentes no contexto temático redesenhado com o advento do Estatuto da Criança e do Adolescente (ECA). Agora aos quinze anos, o ECA continua encaixando-se claramente na lógica do estabelecimento de regras de comportamento: enuncia medidas que tencionam proteger o menor e especifica condições antecedentes e conseqüentes para o comportamento dos atores sociais envolvidos. Originário de atividades acadêmicas (constituiu dissertação de mestrado em Educação), o texto resulta de rigoroso tratamento das questões metodológicas envolvidas nas boas pesquisas empíricas e nos bons ensaios teóricos. Cuida, ao mesmo tempo, de indicar de modo transparente os pressupostos teórico-filosóficos sobre os quais se sustenta a análise do assunto e de oferecer dados que procuram corroborar as asserções feitas ao longo do texto.

Como se nota, as prescrições éticas da conduta humana originam-se de fontes distintas, consolidam-se no debate entre as diversas forças institucionais e transformam-se historicamente em razão da própria natureza dinâmica das relações sociais: trata-se, em todas essas etapas e em contraposição à idéia de normas, leis e regras assépticas, de um verdadeiro processo e, como tal, sujeito ao tempero típico das demais mudanças sociais. Desse modo, ainda que possam persistir por séculos, as prescrições são fatos vivos, no sentido de dinâmicas e presentes em cada um dos atos humanos emitidos no cenário social. Maurício Saliba escolhe um desses momentos históricos especiais, pesquisa as principais variáveis do intrincado processo das prescrições éticas e dirige o foco de sua análise para a questão relevante das medidas socioeducativas do ECA. O autor é contundente: numa análise vertical, entende que essas medidas, de fato, dissimulam uma prática historicamente consolidada de vigilância e controle do comportamento. Mais particularmente, significam, ainda que inconscientemente (ou, no mínimo, por um viés sub-reptício), o olho vigilante dos poderes constituídos sobre aqueles que, em conflito com a lei, possam representar qualquer tipo de ameaça social. Esse olhar furtivo passa a ser analisado como estratégia de controle disfarçada em educação ou reeducação do menor em conflito com a lei. A pesquisa que inspirou o livro testa a hipótese de que, a partir da análise das "ações pedagógicas" relatadas nos processos contra adolescentes infratores, é possível desvelar o controle coercitivo da conduta que resulta das certamente bem-intencionadas práticas dos técnicos judiciais (em geral, assistentes sociais e psicólogos), caracterizados por Saliba como *pedagogos* em razão de sua missão *normalizadora* de comportamentos. Se refratário a essa ação normalizadora, o adolescente infrator passaria por um processo de vigilância por parte da equipe de acompanhamento, até a sua maioridade. *O olho do poder*, nessa perspectiva, enxerga e age pelas lentes do Judiciário, mas não se limita a ele: implica responder a todo um conjunto de expectativas sociais, viabilizadas pelas diferentes instituições *normalizantes*: o fundamental é assegurar que o adolescente não consiga o anonimato, de maneira que, mesmo no auge de seu processo de desenvolvimento psicológico, ele terá uma ficha de registro de sua virtual tendência infracional precoce, mecanismo que permitirá certa prevenção de criminalidade na vida adulta.

O autor bem analisa as desastrosas conseqüências do desenvolvimento humano permeado pelo controle coercitivo. Entende que a reeducação deve dar-se por meio de experiências positivas da criança e do adolescente, de modo que esses possam discriminar claramente entre as opções possíveis e fazer escolhas que permitam compensações significativas pelo respeito às normas sociais. O livro de Maurício Saliba convida não apenas os técnicos judiciais, mas, principalmente, os segmentos que concebem e produzem as prescrições éticas majoritárias à reflexão em torno do papel político do controle social dissimulado pelas práticas coercitivas de controle comportamental. Conforme o texto, oferecer opções positivas de engajamento social parece uma estratégia importante para a construção da cidadania e para a viabilização de uma sociedade justa e igualitária, certamente preferível à educação remediativa e vigilante ora disposta no ECA, ainda que tão nobre o seu objetivo de constituir-se como lei que dispõe sobre a "proteção integral à criança e ao adolescente".

É sob essa óptica, respaldada em fontes de dados cuidadosamente examinados, com apoio teórico de literatura consistente e mediante análise crítica amparada em critérios objetivos que o texto de Maurício Saliba é aqui apresentado: constitui leitura interessante e convidativa a quantos queiram inteirar-se das questões candentes e polêmicas da proposta educativa do Estatuto da Criança e do Adolescente.

Kester Carrara
Departamento de PsicologiaUnesp/Bauru

Você gosta de meninos de rua? As pessoas são classificáveis, para mim, em duas categorias. As que gostam e as que detestam. Eu sou dos primeiros, gosto deles. Acho até que, se eu fosse favelado, queria ser menino de rua. Não há comparação possível entre a vida de um menino da favela ou das periferias, que é onde eles mais se concentram, e a de um menino da rua. Os primeiros vivem famélicos, pegando comida do lixo e tentando roubar uma banana na feira dos pobres, com o perigo de levar uma bala. Sua salvação é se transformarem em agentes de traficantes. Eles põem nas suas mãos armas poderosas, que todo menino gostaria de manipular, e muito dinheiro, mais do que seus pais ganham, inclusive para ajudar o sustento da casa. Vida de menino de rua é outra coisa. Seu espaço é a rua mesmo. Cheia de carros bonitos, cujas marcas e anos de fabricação eles conhecem perfeitamente, rodando macios ou perigosamente velozes. Cheia de vitrines cintilantes, com mercadorias que não querem nem podem comprar, mas que são boas demais de ver. O roubo na rua também é mais fácil e mais rendoso. Suas vítimas são indefesas e têm mais o que dar, como jóias bem pagas pelo receptador e dinheiro vivo. [...] Outra qualidade da vida na rua é que ela dá importância aos meninos. Gente de toda a parte e de todas as religiões chega ali cheia de dinheiro, querendo salvá-los. Eles se cuidam de não se entregar, mas recebem o que lhes dão de graça — só custa umas fotos com a assistente social. (Darcy Ribeiro, *Folha de S.Paulo*, 17 fev. 1997)

Introdução

A criminalidade infantil torna-se a cada dia um problema mais pungente em nossa sociedade. Talvez essa seja a maior mazela herdada do projeto brasileiro de desenvolvimento acelerado e da grande concentração de renda pela qual o país passou, agora acrescida de uma crescente incapacidade governamental de solucionar os problemas e desequilíbrios gerados pela dinâmica do crescimento das forças produtivas em detrimento das relações sociais. Nesse momento, abundam projetos e discursos sobre as maneiras mais eficazes de se livrar dos inconvenientes "pequenos criminosos". Nessa perspectiva, este trabalho pretende contribuir, ainda que modestamente, para a discussão do problema da criança e do adolescente em conflito com a lei, expondo as práticas judiciais e desvendando ações hodiernas de controle social, disfarçadas nas medidas de caráter educativo aplicadas pelo Poder Judiciário.

Historicamente, os direitos da criança sofreram uma grande difusão após a Convenção Internacional dos Direitos da Criança, dela resultando um documento, que foi aprovado pela Assembléia Geral das Nações Unidas, em novembro de 1989. Esse documento transformou-se em tratado internacional que resultou, nos países que o ratificaram, no primeiro instrumento jurídico efetivo de garantia dos "direitos da criança". A partir dela, em toda a América Latina foi introduzida a obrigatoriedade do respeito a todos os princípios jurídicos básicos, ausentes nas antigas legislações, o que se traduziu na nova doutrina para a Justiça da Infância e Adolescência: a doutrina da "proteção integral", em substituição à da "situação irregular". Dessa maneira, instrumentos legais são repensados como formas eficazes de defesa e de promoção dos direitos humanos das crianças e dos adolescentes.

No Brasil, esse novo paradigma foi concretizado mediante a aprovação, pelo Congresso Nacional, do Estatuto da Criança e do Adolescente (ECA), Lei Federal nº 8.069, de 13 de julho de 1990. O Estatuto é um conjunto de "recomendações pedagógicas preventivas, na forma de medidas punitivas sócio-educativas. Ele diz proteger a criança de violências e educar os infratores, com a cumplicidade e o espelhamento do Código Penal" (Passetti, 1999). Na sociedade brasileira, o Estatuto da Criança e do Adolescente sofre uma crítica ambígua: por um lado, ele supostamente protege em demasia o infrator, sendo conivente com suas práticas e extremamente permissivo; por outro, é bastante elogiado por um segmento que vê, na suposta função educativa, a expressão da democracia.

No ECA, a "função educativa" tem lugar privilegiado, pelo menos teoricamente, no conjunto das práticas judiciais. Preconiza que todas as medidas a serem aplicadas aos adolescentes infratores devem ter por objetivo sua reeducação, visando ao "preparo para o exercício da cidadania e qualificação para o trabalho". Dessa forma, os técnicos judiciais (assistente social, psicólogo e eventuais educadores que trabalham no programa de liberdade assistida) são responsáveis pela aplicação das medidas socioeducativas e pela avaliação de seus resultados. Esses técnicos, que neste trabalho, em razão de sua função reeducadora, serão chamados de "pedagogos judiciais", têm a função de controlar, gerenciar e avaliar a aplicação das medidas, informando ao juiz, por meio de relatório pormenorizado, os progressos "educacionais".

Foi por intermédio da minha vivência profissional no Fórum da Comarca de Santa Cruz do Rio Pardo, interior do Estado de São Paulo, que surgiu o desejo de verificar como se dá efetivamente o trabalho judicial de controle da criminalidade infantil em meio aberto. A verificação se efetivou durante a pesquisa de mestrado, que resultou neste livro, na área de Educação da Universidade Estadual Paulista, UNESP, campus de Marília (SP).

À primeira vista, no início da pesquisa, o ECA mostra-se extremamente complacente com os adolescentes infratores. Foi essa impressão que me fez supor haver algo mais em sua estratégia de ação, do que simplesmente representar a suavização das penas e a expressão de um avanço democrático civilizatório dos direitos das crianças ou das legislações criminais das crianças e dos adolescentes em conflito com a lei. Geralmente, as críticas e os elogios ao ECA são fundados no senso comum. As críticas que mais se ouvem é que: "a Justiça não faz nada contra os menores infratores!", ou "a polícia prende, o juiz solta!"; os elogios geralmente partem do princípio de que o ECA representa um avanço democrático na relação entre a justiça e o infrator: "O ECA é uma revolução social" ou "o Estatuto é um grande avanço na legislação do menor, pois é orientado pelo princípio da educação e não da repressão!".

No desenrolar da pesquisa, pude observar o trabalho judicial em relação aos adolescentes infratores e perceber que há uma ação dissimulada de controle social coercitivo, estrategicamente diluído na metáfora educativa-pedagógica.

Não se trata aqui de condenar os profissionais do Judiciário como artífices dessa operação, pois, mesmo resultando de práticas bem-intencionadas, encontram-se geralmente presos ao conceito da suposta imparcialidade da lei e da ciência, acreditando na isenção política de suas práticas.

Creio que o livro de Jacques Donzelot (1986), *A polícia das famílias*, é fundamental para a compreensão da estratégia de controle efetuada pela Justiça sobre os adolescentes infratores, pois permite compreender todo o processo histórico de organização dessas estratégias e traz à tona o controle social e de vigilância organizado por meio de normas sanitárias e educativas cujas táticas perduram hodiernamente. Assim, pela importância da leitura desse livro para a compreensão da estratégia atual de controle judicial, dedica-se uma parte de um capítulo deste trabalho a uma discussão da obra mencionada, buscando proporcionar ao leitor a mesma abordagem teórica do autor deste trabalho e uma visão mais ampla da estratégia judicial como uma prática histórica de dominação e controle. A experiência profissional me proporcionou um envolvimento profundo com a problemática da criança e do adolescente que, no momento da pesquisa, revelou uma estratégia de controle e vigilância do sistema Judiciário dissimulada pelo seu caráter educativo. Donzelot (1986) instrumentalizou e permitiu verificar como as práticas judiciais possuem efeitos políticos de manutenção da ordem social diluídas no ideal educativo. A propalada ação educativa de "resgate da cidadania e de superação de sua situação de exclusão" não se sustenta na análise dos processos judiciais dos adolescentes infratores. Com esse respaldo teórico, verifica-se que os adolescentes infratores são submetidos, por intermédio dos "pedagogos judiciais", a uma ação de vigilância, legitimada pela força coercitiva do Poder Judiciário, que vasculha a intimidade social e familiar do adolescente e possibilita ao "olho do poder" uma investigação de forma profunda, obtendo o máximo de informação com mínima coerção. Essa invasão da privacidade do adolescente infrator e de sua família tem como principais objetivos o exame e a vigilância judicial.

Dessa forma, ao acrescentar ao referencial teórico citado outras leituras, tais como *Vigiar e punir*, de Michel Foucault (1987), e *Ordem médica e norma familiar*, de Jurandir Freire Costa (1999), foi possível observar a medida socioeducativa de "Liberdade Assistida" como o principal instrumento e veículo da vigilância social. Pela vigilância individual e constante, evita-se o anonimato dos infratores e suprime-se sua principal forma de ação: a surpresa. O perigo que o *inesperado* representa à ordem social só pode ser evitado pela prevenção, mediante a garantia, efetuada pelo trabalho dos pedagogos, de uma adesão às normas. O escopo educativo possibilita essa ação preventiva quando disfarça e oculta as práticas da vigilância.

Observando a bibliografia a respeito do envolvimento do adolescente com a delinqüência, a marginalidade e o crime, verifica-se que os trabalhos realizados até o momento se pautam pelo estudo dos adolescentes infratores inseridos nos aparelhos institucionais, ou seja, Fundação Estadual do Bem-Estar do Menor (Febem) e presídios, ou pelo estudo dos fatores da criminalidade infantil. Não se encontram, até o momento, livros, teses ou dissertações que tenham por objetivo desvendar a estratégia judicial de controle do adolescente infrator em meio aberto, baseado nos pressupostos educacionais do Estatuto da Criança e do Adolescente. No campo da criminalidade infantil encontram-se trabalhos originais que trouxeram contribuições importantes para a compreensão desse problema.

Muito se escreveu sobre os motivos da delinqüência infantil e sobre os adolescentes privados de liberdade, mas pouco se pesquisou sobre a estratégia de controle do adolescente em liberdade e de como o poder engendra mecanismos de controle comportamental dissimulado por atividades de cunho educacional, social e terapêutico, e de vigilância, sob o manto civilizador do Estatuto da Criança e do Adolescente.

Aparentemente, a repressão e a coerção só estão presentes em instituições como a Febem e a prisão, pois nesses locais são visíveis; mas, sob o eufemismo da educação, o poder coercitivo e repressivo de vigilância e controle comportamental, organizado pelo Poder Judiciário e colocado em prática por seus técnicos, é disfarçado e caracterizado como intervenção terapêutica desarmando possíveis reações. Destarte a pesquisa que propõe este trabalho, sobre a atuação judicial em relação ao adolescente infrator não-institucionalizado, pode contribuir para a importante discussão da criminalidade infantil.

A hipótese deste trabalho, portanto, é a de que o caráter educativo proposto pelo Estatuto da Criança e do Adolescente, que se expressa por meio de suas medidas socioeducativas, tem por objetivo camuflar e dissimular uma estratégia historicamente elaborada de vigilância e controle coercitivo do comportamento das crianças e adolescentes em conflito com a lei. Para isso, deve-se desvendar a estratégia, comandada pelo Poder Judiciário, de controle e vigilância sobre o adolescente infrator em liberdade que recebeu como pena a medida de liberdade assistida. Pretende-se verificar como se dá essa vigilância e normalização, considerando adolescentes não-institucionalizados, pois se verifica que essa estratégia se efetiva, necessariamente, em meio aberto, utilizando-se do escopo educacional proporcionado pelo Estatuto da Criança e do Adolescente. Procura-se demonstrar que a intervenção judicial, efetuada por intermédio de seus técnicos aqui chamados de *"pedagogos judiciais"*, busca, a todo momento, normalizar o comportamento do infrator e de sua família. Ou seja, a ênfase na "educação" do infrator dissimula uma intenção de examiná-lo e provocá-lo a realizar uma mudança comportamental. Caso o adolescente infrator se mostre refratário à ação normalizadora, será vigiado pelos pedagogos até a sua maioridade. Para o Judiciário, o importante nessa estratégia é não permitir ao adolescente permanecer no anonimato. Longe da preocupação educativa, a vigilância permite evitar a surpresa, pois os virtuais criminosos adultos foram acompanhados, examinados, testados e tiveram seu comportamento registrado durante toda a sua adolescência.

Assim, para se comprovar a hipótese apresentada, serão analisados os processos contra adolescentes infratores, ou seja, os "atos infracionais". Para isso, foram analisados os "relatórios de acompanhamentos" dos técnicos judiciais (assistentes sociais e psicólogos), aqui chamados de pedagogos em razão de sua missão normalizadora, que fazem parte dos atos infracionais. Os processos analisados são todos da Vara da Infância e da Juventude da Comarca de Santa Cruz do Rio Pardo, Estado de São Paulo, do ano de 1992, e que tiveram a aplicação da medida de "liberdade assistida". O motivo da escolha dessa Comarca se deu em razão de minha atuação como funcionário na 2ª Vara desse fórum por mais de dez anos e, dessa maneira, ter tido acesso aos processos e afinidade com os funcionários dos cartórios que em muito colaboraram para a sua execução. Foram escolhidos os processos do ano de 1992 por dois motivos: o primeiro, porque o Estatuto da Criança e do Adolescente já estava em vigor havia dois anos, sendo executadas todas as suas recomendações; o segundo, pelo recuo de dez anos da execução da pesquisa, o que evitaria o problema de se estar trabalhando com um processo ainda em andamento.

Dessa maneira, no Capítulo 1 foi procedida uma análise histórica da implantação do Estatuto, verificando suas origens e seu surgimento no Brasil. No Capítulo 2 foi feita uma análise teórica dos principais autores que fundamentam a hipótese da pesquisa. No Capítulo 3, com base no referencial teórico analisado, foi feita a avaliação dos "relatórios de acompanhamentos", que foram transcritos integralmente e encontram-se anexados ao final, com o intuito de confirmar a hipótese levantada.

1
O Estatuto da Criança e do Adolescente

Origens

Na América Latina, a primeira legislação específica da criança e do adolescente foi promulgada na Argentina em 1919, conhecida como Lei Agote. Até a aprovação dessa lei, em toda a América Latina, a única especificidade referente ao tratamento das crianças e dos adolescentes infratores se limitava a reduzir em um terço a pena de autores de delitos com idade inferior a dezoito anos. Nenhuma outra diferenciação normativa era aplicada. Em quase a totalidade dos casos as penas consistiam em privação de liberdade.

A partir da Argentina, em toda a América Latina iniciou-se um processo de criação de legislação de menores[1] que, legitimada na retórica da proteção da infância, iria ser adotada em todos os países do continente, num período de dez anos. Todas essas legislações surgiram num momento específico de urbanização, mudanças políticas e, em alguns casos, industrialização, em que o controle social e a ordem se tornaram imperativos.

---

1 Apesar de o termo "menor" ter se tornado pejorativo nas últimas décadas, e, com isso, seu uso ter sido restringido, nesse período era largamente utilizado.

As novas legislações possuíam uma forte tendência à institucionalização. Eram baseadas no desajuste social, de modo que, na verdade, refletiam a grande exclusão social da América Latina. O juiz de menores era o responsável pela distribuição das práticas de controle aos infratores. Esse movimento de reformas deveria, mediante a figura paternalista do juiz, buscar conciliar a necessidade urgente de controle social com o assistencialismo. O que se tornou regra nesses tribunais foi a total falta de respeito e de garantias institucionais. A arbitrariedade e a violação dos preceitos legislativos eram, a todo momento, praticadas.

Todas essas legislações eram inspiradas nos princípios da "doutrina de situação irregular". Essa doutrina tem como principais características: a divisão da categoria infância em criança-adolescente e menores, sendo os menores entendidos como os excluídos da escola, de saúde e da família; a criminalização da pobreza, tendo como conseqüência as internações, como privações de liberdade, pelo motivo de carência de recursos materiais e financeiros; não-observância dos princípios básicos do direito e até mesmo constitucionais; tendência a patologizar as situações de natureza estrutural e econômicas; extrema centralização de poder na figura do "juiz de menores", possibilitando um poder discricional; considerar a infância como objeto de proteção.

Por essa doutrina, os juízes poderiam declarar em situação irregular a criança e o adolescente que enfrentassem qualquer tipo de dificuldade na sua vida. Ela legitimava uma ação judicial sobre as crianças pobres, em detrimento das políticas sociais, por meio de soluções individuais. Havia uma tendência geral à institucionalização e à adoção. Desse modo, não se concebia nenhuma forma de manifestação de vontade das crianças e dos adolescentes. Esses não eram considerados sujeitos de direitos, mas apenas desprovidos de capacidade de decisão e vontade própria. Os juízes praticavam suas ações baseando-se em diagnósticos que se apoiavam em teorias e conceitos considerados científicos, pois provinham principalmente da medicina, da psicologia e da psiquiatria, classificando esse menor dentro dos padrões da normalidade, mediante uma prática que ao mesmo tempo estigmatizava e excluía.

Brasil: da situação irregular à proteção integral

O primeiro Juízo de Menores foi criado no Brasil em 1923; mas, somente em 12 de outubro de 1927, com o Decreto 17.343/A, foi aprovado o Código de Menores brasileiro, que estabelecia o limite de menoridade penal em dezoito anos e buscava regulamentar o trabalho das crianças e dos adolescentes. Esse instrumento jurídico definia o menor perigoso como decorrente da situação de pobreza e miséria. Apesar de prever a liberdade vigiada como alternativa ao internamento, não há notícias de execução dessa medida.

Em 1940 foi criado o Serviço de Atendimento ao Menor (SAM), subordinado ao Ministério da Justiça, para internamento e reeducação dos infratores. Em 1964, pela Lei 5.413, foi criada a Fundação Nacional do Bem-Estar do Menor (Funabem), com a proposta de proteger e corrigir as causas do "desajustamento". Na instância estadual, a Funabem se concretizou por meio da criação da Febem em 1976, vinculada à Secretaria do Menor, cujos objetivos seriam a reintegração, a reeducação e a ressocialização do menor. Em 1971 havia sido criado o Serviço de Liberdade Assistida (SLA), possibilitando um acompanhamento individualizado aos adolescentes egressos do internamento. Destinava-se também aos adolescentes infratores com processos.

Refletindo a tendência geral da América Latina, em 1979 foi aprovado pela Lei 6.679 o novo Código de Menores, que entendia a delinqüência como reflexo da situação irregular:

> Art. 2 – para efeito deste Código considera-se em situação irregular o menor: I – privado de condições essenciais à sua subsistência, saúde e instrução obrigatória, ainda que eventualmente, em razão de: a) falta, ação ou omissão dos pais e responsáveis; b) manifesta impossibilidade dos pais ou responsáveis para provê-las. II – vítima de maus-tratos ou castigos imoderados impostos pelos pais ou responsável. III – em perigo moral devido a: a) encontrar-se de modo habitual em ambiente contrário aos bons costumes; b) exploração em atividade contrária aos bons costumes. IV – privado de representação ou assistência legal, pela falta eventual dos pais ou responsável. V – com desvio de conduta, em vir-

tude de grave inadaptação familiar ou comunitária. VI – autor de infração penal. (Código de Menores, 1980, p.13)

O oposto da situação irregular seria quando o menor[2] gozasse dos direitos ao bem-estar e de vida digna. Nos termos citados, o código entende como anormal a situação de vida irregular, em que os menores passem por privações econômicas, físicas e sociais, pelas quais os pais e a sociedade são responsáveis. Entende como "recuperação" medidas curativas, disciplinares e educativas mediante o recolhimento dessas crianças e adolescentes cujas famílias não podem lhes proporcionar o devido desenvolvimento moral, educativo e intelectual, papel que passa a ser assumido pelo Estado. Tuteladas pelo Estado, essas crianças e esses adolescentes deverão sofrer um processo de reeducação que deverá reintegrá-los socialmente.

Em 1989, realiza-se a Convenção Internacional dos Direitos da Criança, que conta com a aprovação da Organização Geral das Nações Unidas (ONU). A convenção possibilitou a mudança de paradigma e foi um grande divisor de águas da história da condição jurídica da infância. Resultou dela o primeiro instrumento jurídico que, incorporado nas legislações nacionais, efetivamente garantia os direitos das crianças e dos adolescentes da América Latina. Para Méndez (1998), a convenção "introduz explicitamente a obrigatoriedade do respeito a todos os princípios jurídicos básicos, ausentes nas legislações *menoristas* latino-americanas" e a concepção da infância como sujeito de pleno direito, ausentes nas legislações latino-americanas da situação irregular.

A convenção pode ser considerada o dispositivo central da nova doutrina da proteção integral. Esse novo paradigma é uma ruptura com a doutrina da situação irregular quando evidencia que as legislações referentes à criança e aos adolescentes devem ser instrumentos eficazes na defesa e promoção dos direitos humanos. Algumas de suas principais características são: outorga-se ao Ministério Públi-

---

2 O Código de Menores de 1979 englobava todas as crianças e os adolescentes na chamada situação irregular.

co a importante função de contrapeso judicial, pois prevê a presença obrigatória do advogado na apresentação do acusado; desvincula-se a situação de risco de doenças individuais, percebendo a criminalidade dos adolescentes como fruto da omissão das políticas públicas e sociais, e encarando a situação irregular não incidindo exclusivamente sobre a criança, mas incluindo a pessoa ou instituição responsável pela ação em sua defesa; assegura-se o princípio básico da igualdade perante a lei; eliminam-se as internações não relativas a delitos ou contravenções; incorporam-se princípios constitucionais relativos à segurança da pessoa humana e de pleno direito.

Segundo Méndez (1998), a "mudança de paradigma possibilitada pela doutrina da proteção integral representa, na prática, um conjunto de instrumentos jurídicos de caráter internacional que expressa um salto qualitativo e fundamental na concepção social da infância". Gerou um movimento na América Latina, conhecido como lei de segunda geração, que inspira mudanças nas suas legislações em razão da nova percepção da infância. Conforme se pode observar em Méndez (1998), após esse movimento, as novas legislações da América Latina são todas baseadas na "doutrina da proteção integral".

No Brasil, a Lei Federal 8.069, de 13 de junho de 1990, aprovou o Estatuto da Criança e do Adolescente (ECA). O Estatuto substitui integralmente o Código de Menores de 1979 e representou um rompimento claro com a doutrina da situação irregular, na medida em que instituiu mudanças substanciais no tratamento que dispensava à criança e ao adolescente, especialmente os empobrecidos. Os princípios gerais da nova concepção de proteção integral compreendem que não são as crianças ou adolescentes que estão em situação irregular, e sim as condições de vida a que estão submetidos. A criança e o adolescente são considerados pessoas em desenvolvimento. Essa condição peculiar coloca aos agentes envolvidos na operacionalização das medidas a eles destinadas a missão de proteger e de garantir o conjunto de direitos e educar, oportunizando a inserção do adolescente na vida social. Sua condição de sujeito de direitos implica a necessidade de participação nas decisões de qualquer medida a seu respeito. A responsabilidade pelo desenvolvimento integral da criança e do adolescente é da sociedade e do Estado.

O artigo 103 do Estatuto da Criança e do Adolescente define como ato infracional aquela conduta prevista em lei como contravenção ou crime. A responsabilidade pela conduta descrita inicia-se aos doze anos. O atendimento ao adolescente autor de ato infracional deve acatar os princípios da Convenção Internacional Sobre os Direitos da Criança (artigo 40); as Regras Mínimas das Nações Unidas para a Administração da Infância e da Juventude (Regras de Beijing, n.7); as Regras Mínimas das Nações Unidas para a Proteção de Jovens Privados de Liberdade (Regra 2); a Constituição Federal do Brasil e o Estatuto da Criança e do Adolescente.

O ECA, no seu artigo 106, proíbe prisões arbitrárias e prevê, pelo artigo 112, as medidas socioeducativas aos adolescentes pela prática de ato infracional. Essas medidas são:

Art. 112 – Verificada a prática do ato infracional, a autoridade competente poderá aplicar ao adolescente as seguintes medidas: I – Advertência; II – Obrigação de reparar o dano; III – Prestação de serviço à comunidade; IV – Liberdade Assistida; V – Inserção em regime de semiliberdade; VI – Internação em estabelecimento educacional; VII – Qualquer uma das previstas no art. 101, I a VI. (ECA, 1990, p.26)

As medidas socioeducativas são aplicadas e operadas de acordo com as características da infração e das circunstâncias sociofamiliares. Essas medidas, de acordo com o Estatuto, devem "constituir-se em condição que garanta o acesso do adolescente às oportunidades de superação de sua condição de exclusão, bem como de acesso à formação de valores positivos de participação na vida social". Prevêem, obrigatoriamente, o envolvimento familiar e comunitário, mesmo em caso de privação da liberdade. Os programas socioeducativos de privação de liberdade devem observar os princípios de brevidade, excepcionalidade e respeito à condição peculiar de pessoa em desenvolvimento. Devem também prever os aspectos de segurança, na perspectiva de proteção à vida dos adolescentes e dos trabalhadores, respeitando o princípio de não-discriminação e não-estigmatização, evitando-se os rótulos que marcam os adolescentes e os expõem a situações vexatórias e que os impeçam de superar suas dificuldades de inclusão social.

Ao se estruturar em torno das medidas socioeducativas, percebe-se que o Estatuto da Criança e do Adolescente tem um princípio norteador baseado na ação pedagógica. Todas as medidas previstas devem prever a reeducação e a prevenção. Pretendem estabelecer um novo padrão de comportamento e conduta ao infrator, promovendo uma ruptura entre o novo projeto de vida do adolescente e a prática de delitos. Mesmo possuindo, por um lado, um caráter punitivo aos adolescentes infratores – uma sanção, cerceamento de sua liberdade –, por outro, em todas as medidas socioeducativas é enfatizada na execução das medidas o *caráter educativo*.

Tabela 1 – Amostragem das medidas socioeducativas aplicadas no Estado de São Paulo

MEDIDA SOCIOEDUCATIVA	1995	1996	1997	1998
ADVERTÊNCIA	14.802	15.454	15.415	14.130
OBRIGAÇÃO DE REPARAR O DANO	539	482	572	530
PRESTAÇÃO DE SERVIÇO À COMUNIDADE	3.197	3.509	4.913	5.466
LIBERDADE ASSISTIDA	6.397	7.292	7.791	8.538
SEMILIBERDADE	1.275	509	331	449
INTERNAÇÕES	2.640	2.579	2.963	3.999
REMISSÃO SEM MEDIDA	3.602	3.000	3.000	3.270

Fonte: Corregedoria da Justiça do Estado de São Paulo (extraída do jornal *Tribuna Judiciária*, n.24, ano 16).

Pela Tabela 1, percebe-se que, no estado de São Paulo, a segunda medida socioeducativa mais aplicada é a de liberdade assistida. Constitui-se uma medida coercitiva quando se verifica a necessidade de acompanhamento da vida social do adolescente (escola, trabalho e família). Seu caráter educativo manifesta-se no acompanhamento personalizado, garantindo a reorganização dos vínculos familiares, proteção, freqüência à escola e inserção em cursos profissionalizantes e formativos:

Art. 118 – A liberdade assistida será adotada sempre que se afigurar a medida mais adequada para o fim de acompanhar, auxiliar e orientar o adolescente. § 1º – A autoridade designará pessoa capacitada para acompanhar o caso, a qual poderá ser recomendada por entidade ou programas de atendimento. § 2º – A liberdade assistida será fixada pelo prazo mínimo de seis meses, podendo a qualquer tempo ser prorrogada, revogada ou substituída por outra medida, ouvido o orientador, o Ministério Público e o defensor. Art. 119 – Incumbe ao orientador, com apoio e supervisão da autoridade competente, a realização dos seguintes encargos, entre outros: I – Promover socialmente o adolescente e sua família, fornecendo-lhes orientação e inserindo-se, se necessário, em programa oficial ou comunitário de auxílio e assistência social; II – Supervisionar a freqüência e o aproveitamento escolar do adolescente, promovendo, inclusive, sua matrícula; III – Diligenciar no sentido da profissionalização do adolescente e de sua inserção no mercado de trabalho; IV – Apresentar relatório do caso. (ECA, 1990, p.27)

A medida de liberdade assistida busca evitar o internamento e deposita na escola, na família e na sociedade a obrigação de reintegrar socialmente o adolescente infrator.

O dado mais recente e atualizado obtido junto a DAMC refere-se ao atendimento de 5.216 adolescente em L.A. em janeiro de 1994. Estes adolescentes em sua quase totalidade residem na periferia das cidades, em suas zonas mais pobres. E, nestas regiões encontramos o maior número de adolescentes em L.A. Segundo o perfil traçado pelos trabalhadores de L.A. estes jovens pertencem a famílias de trabalhadores assalariados, com uma inserção instável no mercado de trabalho passando com freqüência, pela situação de desemprego e subemprego. São famílias com uma organização em que é freqüente a ausência do pai ou responsável do sexo masculino e dependem da renda obtida pelo jovem para compor a renda familiar. (Teixeira, 1994, p.18)

A principal estratégia da medida de liberdade assistida é utilizar a abordagem grupal do atendimento, ou seja, reeducar não apenas o adolescente infrator, mas a família como um todo, mediante atualização periódica dos dados. Considera-se a família um parceiro privilegiado na difusão das normas. O acompanhamento do infrator e de sua família deve ter como referência a verificação do processo de socialização, da relação com a autoridade e da adesão às regras sociais. A ênfase educativa do Estatuto se expressa na idéia de "preparo para a cidadania" como a finalidade maior:

> Art. 53 – A criança e o adolescente têm direito à educação, visando ao pleno desenvolvimento de sua pessoa, preparo para o exercício da cidadania e qualificação para o trabalho, assegurando-se-lhes: I – Igualdade de condições para o acesso e permanência na escola; II – direito a ser respeitado por seus educadores; III – direito de contestar critérios avaliativos, podendo recorrer às instâncias escolares superiores; IV – direito de organização e participação em entidades estudantis; V – acesso à escola pública e gratuita próxima de sua residência. Parágrafo único – É direito dos pais ou responsáveis ter ciência do processo pedagógico, bem como de participar da definição das propostas educacionais. (ECA, 1990, p.13)

Conforme o artigo citado, o "preparo para o exercício da cidadania" vem acompanhado da qualificação para o trabalho e com ênfase na necessidade de assegurar o cumprimento dos direitos básicos. Baseia-se na concepção liberal/moderna de cidadania na qual a igualdade fundamenta os direitos individuais. A ênfase educativa do Estatuto se expressa na idéia de preparo para a cidadania, cuja concepção se aproxima da definição dada por Ferreira (1993, p.173): "A concepção moderna de cidadania se apóia nas relações do indivíduo com o Estado, o mercado e a comunidade, e se expressa na equação básica da teoria do Estado liberal: cada cidadão é igual a qualquer outro".

A essência da cidadania propalada pelo Estatuto se restringe, portanto, a garantir condições de igualdade. Dessa forma, pode-se compreender o artigo 53 do ECA no que se refere ao "direito à educação e o preparo para o exercício da cidadania e qualificação para o trabalho" como a garantia de direitos e de igualdade a todas as crianças e adolescentes, numa sociedade onde prevalece o antagonismo de classes.

O infrator na engrenagem judicial

Diferentemente do criminoso adulto, no sistema judiciário da infância e da juventude não se prende uma pessoa, mas, de acordo com as inovações terminológicas do Estatuto da Criança e do Adolescente, se "apreende". O adolescente pode ser apreendido pela polícia em um flagrante, ou em decorrência de investigações policiais. Sua passagem pela delegacia é estritamente técnica, pois, se o caso não é considerado grave, a autoridade policial faz um boletim de ocorrência e o entrega aos pais ou responsáveis, que têm um prazo para apresentá-lo ao promotor; se o caso é considerado grave, ele deve ser detido em unidades especiais,[3] ou, nas cidades que não possuam essas unidades, em dependência separada da destinada a adultos, até ser apresentado ao promotor, no prazo máximo de 24 horas:

> Art. 106 – Nenhum adolescente será privado de sua liberdade senão em flagrante de ato infracional ou por ordem escrita e fundamentada da autoridade judiciária competente. Parágrafo único – O adolescente tem o direito à identificação dos responsáveis pela sua apreensão, devendo ser informado acerca de seus direitos. Art. 107 – A apreensão de qualquer adolescente e o local onde se encontra recolhido serão incontinente comunicados à autoridade judiciária competente e à família do apreendido ou à pessoa por ele indicada. Parágrafo único – Examinar-se-á, desde logo e sob pena de responsabilidade, a possibilidade de liberação imediata. Art. 108 – A internação antes da sentença pode ser determinada pelo prazo máximo de quarenta e cinco dias. Parágrafo único – A decisão deverá ser fundamentada e basear-se em indícios suficientes de autoria e materialidade, demonstrada a necessidade imperiosa da medida. (ECA, 1990, p.25-6)

Efetuada a apreensão do infrator, e não sendo o caso de internação provisória, a autoridade policial lavra o boletim de ocorrência e

---

3 Na cidade de São Paulo existe a Unidade de Atendimento Imediato (UAI), considerada a ante-sala da Febem. No interior do Estado, a autoridade policial deve providenciar uma sela especial, sem o contato com o preso comum.

entrega o adolescente para a família ou responsável, sob termo de compromisso e responsabilidade de sua apresentação ao representante do Ministério Público. O boletim de ocorrência é encaminhado ao Poder Judiciário, no qual, na Vara da Infância e da Juventude, se transforma num processo, chamado de Ato Infracional. O processo é encaminhado ao promotor de justiça, que deverá ouvir o adolescente infrator juntamente com seus pais ou responsáveis e, sendo o caso, da vítima e das testemunhas. Após a oitiva, levando-se em conta os antecedentes do infrator e o ato praticado, o Ministério Público aplicará o artigo 180 do ECA:

> Art. 180 – Adotadas as providências a que alude o artigo anterior, o representante do Ministério Público poderá: I – promover o arquivamento dos autos; II – conceder a remissão; III – representar à autoridade judiciária para aplicação da medida sócio-educativa. [...] Art. 182 – Se, por qualquer razão, o representante do Ministério Público não promover o arquivamento ou conceder a remissão, oferecerá representação à autoridade judiciária, propondo a instauração de procedimento para a aplicação da medida sócio-educativa que se afigurar mais adequada. (ECA, 1990, p.41)

Conforme o artigo citado, de acordo com a gravidade do fato, o processo poderá ser arquivado, ou o infrator poderá ser representado. Segundo Volpi (1997), a representação significa que o "Ministério Público propõe à autoridade judiciária, no caso o Juiz da Vara da Criança e do Adolescente, a aplicação de uma das medidas socioeducativas estabelecidas pelo ECA".

A primeira delas, e a mais branda de todas, é a advertência, pois constitui uma medida admoestatória, informativa, formativa e imediata. Tem caráter intimidatório, devendo envolver os pais ou responsáveis, que deverão assinar um termo lavrado, onde consta a advertência recebida. A segunda é a obrigação de reparar o dano, que se faz a partir da restituição do bem, ressarcindo ou compensando a vítima. É caracterizada como uma medida coercitiva e educativa, ao mesmo tempo, pois pretende que o adolescente reconheça o erro e o repare. A obrigação de reparar o dano é exclusivamente do adolescente infrator, sendo personalíssima e intransferível. A terceira medida socioeducativa é a prestação de serviços à comunidade, que tem forte apelo comunitário, visa oportunizar e proporcionar ao infrator a experiência da vida em comunidade e a compreensão dos valores sociais. Na sua aplicação é recomendado o uso de programas de parcerias com órgãos públicos e não-governamentais, os quais deverão acompanhar o adolescente na execução da medida. A quarta medida é a de liberdade assistida, que tem como forma de aplicação o acompanhamento da vida social do adolescente e de sua família. O acompanhamento é realizado mediante contatos periódicos do técnico (pedagogo) com o adolescente e sua família, de tal forma que os dados são rigorosamente atualizados. A quinta medida é a de semiliberdade, que afasta o adolescente do convívio familiar e da comunidade de origem, sem privá-lo totalmente de sua liberdade. A última medida na hierarquia do Estatuto, que vai da menos grave para a mais grave, e a de coerção mais visível, é a de internação. Deve ser destinada aos adolescentes que cometeram atos infracionais graves.

É necessário enfatizar que todas as medidas preconizadas pelo ECA têm como princípio básico a educação como forma de possibilitar ao infrator a reinserção social. O Estatuto só pode ser compreendido pelo seu aspecto pedagógico que inclui elementos do modelo educacional.

Como mostra a Tabela 1, a medida socioeducativa mais aplicada aos adolescentes que cometeram infrações consideradas graves, ou ao reincidente (dentre outros critérios), é a de liberdade assistida.[4] Essa medida sustenta o controle judicial sobre os infratores, pois representa a maior oportunidade do sistema perscrutar a vida do adolescente e de sua família, propiciando a intervenção técnica do serviço psicossocial.

---

4 Como informa o jornal *Tribuna Judiciária* (n 24, ano 16, dez.1999/jan.2000, p.6-7), em 1998, a medida socioeducativa de liberdade assistida representou 24,9% das aplicadas em todo o Estado. O mesmo jornal informa que em 1998 as demais medidas foram assim distribuídas: Advertência, 8,8%; Obrigação de reparar o dano, 0,2%; Prestação de serviços à comunidade, 6,4%; Semiliberdade, 3,2%; Internação, 14,5%.

Ao adolescente que recebeu como medida socioeducativa a aplicação da liberdade assistida caberá comparecer diante do promotor de Justiça, a fim de assinar o termo de sua medida e cientificar-se de como se dará sua aplicação. A partir desse momento, já deverá acontecer a coleta de dados psicossociais sobre o adolescente e sua família. Formalmente, inicia-se aí o acompanhamento periódico do adolescente e de sua família, por intermédio dos técnicos judiciais (psicólogo, monitor, assistente social). Esse acompanhamento tem por finalidade a atualização de dados sobre a situação do adolescente e o encaminhamento para a escola, o trabalho, a profissionalização, os serviços de saúde ou outros, dependendo do desenvolvimento da avaliação:

> O acompanhamento é caracterizado por alguns técnicos como orientação. O conteúdo dessa orientação, no que foi possível configurar, refere-se à: reflexão sobre o ECA, "orientação para o exercício da cidadania" e "conversa" sobre problemas e dificuldades trazidos pelo adolescente e/ou família ou detectado pelo orientador. Nesta tarefa o orientador, na maioria das vezes um técnico, pode ter como suporte o programa interno de capacitação de vagas (escola, empregos, e outros recursos da comunidade) ou a retaguarda de um monitor par viabilizar os encaminhamentos. Faz parte do acompanhamento a visita domiciliar que não se constitui em atividade sistemática das equipes de trabalho em função, principalmente, do grande número de casos e da falta de recursos. (Teixeira, 1994, p.37)

Conforme se verifica, os técnicos acompanham o adolescente infrator durante todo o período da medida, pelo prazo mínimo de seis meses; podendo essa a qualquer tempo ser prorrogada, revogada ou substituída.

A técnica mais utilizada nos relatórios de acompanhamento é a de entrevista. Consiste na elaboração de um relatório pormenorizado, periodicamente atualizado, sobre os acontecimentos diários da vida do adolescente, sobre seus problemas e dificuldades, progressos e acertos, suas relações familiares e sua reinserção social. A entrevista é permeada por conselhos e perguntas, buscando obter o maior número de informações possíveis sobre sua vida, suas relações familiares e sociais, sobre a vida de seus pais e familiares. Nessas entrevistas, os pais ou responsáveis também são ouvidos, aconselhados e relatados. Elas podem se dar na sala do técnico responsável pelo acompanhamento, ou mesmo na residência do adolescente, sendo um critério definido pelo técnico responsável pelo relatório. O Poder Judiciário dá a força necessária para que a família não possa refutar a presença do técnico em sua casa.

É por meio desses relatórios que a vida do infrator vai sendo paulatinamente analisada. A percepção de que o adolescente está reeducando seu comportamento pode lhe propiciar o fim da medida; ou, caso contrário, uma intensificação dela, bem como a sugestão técnica de alteração da medida por outra mais severa. Portanto, a boa recepção dos técnicos, bem como a demonstração de que vem acatando prontamente seus aconselhamentos e recomendações podem-lhe abreviar a pena.

Em suma, depois de entrar na engrenagem judicial, o adolescente infrator só sairá se conseguir demonstrar que reeducou seu comportamento, que está trabalhando ou de volta à escola, que não tem mais desejo de cometer infrações. Da mesma forma, sua família deve demonstrar que reintegrou o adolescente, e que tem capacidade de assumir novamente o papel de aconselhamento e vigilância sem a necessidade da presença técnica.

2
BREVE HISTÓRIA DA FAMÍLIA E DA CRIANÇA

Redefinição do papel social da criança

Torna-se relevante, no estudo da relação entre o Poder Judiciário e o adolescente infrator, o processo histórico pelo qual passou a criança, até se tornar, hodiernamente, uma categoria específica e peculiar. Ao contrário de um aparente progresso da civilização, o novo lugar assumido pela criança no fim do século XVII reflete uma mudança estrutural da sociedade em que uma nova exigência social se expressa na criação de novas categorias, como criança e infância. Ou seja, num determinado período histórico, em que proliferam novas tecnologias políticas, sobre as quais irão investir todo o corpo social, surge, pela necessidade de controle social, o interesse pela criança. O século XX é reconhecido como o século do controle, e tem como *locus* privilegiado a infância. O aperfeiçoamento institucional de práticas disciplinares marcou a passagem do suplício para o controle, fazendo emergir a infância como alvo dessa estratégia que se estende até a família e o cidadão. A nova estrutura da sociedade industrial exige, a partir desse momento, a conservação das crianças e o gerenciamento de sua vida. É nesse contexto que os cuidados e a preservação das crianças se tornam uma obrigação social. De uma posição secundária em relação ao mundo dos adultos, a criança foi gradativamente separada e elevada à condição de figura central no interior da família, necessitando de espaço próprio e cuidados especiais. Em torno dessa demanda surgem novos saberes, tais como a pediatria, a pedagogia e a psicologia. Na constituição da família nuclear moderna, higiênica e privatista, a redefinição do Estatuto da Criança desempenhou um papel fundamental.

Em um dos estudos mais completos sobre a infância, escrito por Philippe Ariès (1981), que analisa historicamente a descoberta-invenção da infância, por meio das pinturas das épocas medieval e moderna na França, pode-se perceber como se alteraram a visão da infância e as novas atitudes sociais perante a criança. O autor utiliza como fonte de sua pesquisa as pinturas da época como documentos e demonstra que a categoria infância e o sentimento família são formados basicamente no século XVII. Essa importância histórica conquistada pela criança e a ascensão do modelo familiar burguês chegam aos dias atuais com poucas variações, modelando o comportamento e a vida das pessoas de todas as classes sociais.

Esse mesmo autor afirma, em sua tese central, que até a segunda metade do século XVII, a categoria *infância*, como hoje é compreendida, não existia. Segundo ele, a descoberta da infância começou, sem dúvida, no século XIII, e sua evolução pode ser acompanhada na história da arte e na iconografia dos séculos XV e XVI, e durante o século XVII. É uma mudança paulatina que se inicia na Europa e nas altas classes e depois sofre grande difusão:

> No séc. XVII, entretanto, a criança, ou ao menos a criança de boa família, quer fosse nobre ou burguesa, não era mais vestida como os adultos. Ela agora tinha um traje reservado à sua idade, que a distinguia dos adultos. Esse fato essencial aparece logo ao primeiro olhar lançado às numerosas representações de crianças no início do século XVII. (Ariès, 1981, p.70)

Na Idade Média não havia lugar para a adolescência, confundida até o século XVIII com a infância. A idéia de infância estava intimamente ligada à de dependência, só se saía da infância quando terminada a dependência. A criança participava plenamente do mundo dos adultos, com atuação em festas e jogos. No fim do século XVI, houve uma nítida mudança. Certos educadores adquiriram autoridade e impuseram suas concepções e escrúpulos, passando a não tolerar mais que se dessem às crianças livros duvidosos.

É dessa época, segundo o autor, que se pode datar o respeito pela infância. "Uma grande mudança nos costumes se produziria durante o século XVII" (ibidem), pois havia um movimento cujos sinais se percebiam em toda parte, numa farta literatura moral e pedagógica. Começou-se a falar em fragilidade e debilidade da infância, superando o antigo período de transição. Formava-se, assim, uma concepção moral da infância que insistia em sua fraqueza, associando sua inocência ao verdadeiro reflexo da pureza divina. Colocava-se a educação na primeira fileira das obrigações humanas. Essa concepção se contrapunha à indiferença pela infância e dominava a literatura pedagógica do século XVII. É entre esses moralistas e os educadores do século XVII que se vê formar esse *"sentimento* da infância" que inspirou toda a educação até o século XX. O apego à infância e à sua particularidade não se exprimia mais por meio da distração e da brincadeira, mas pelo "interesse psicológico e da preocupação moral". Segundo Ariès (1981), os "textos do século XVI e do século XVII estão cheios de observações sobre a psicologia infantil, tentando penetrar na mentalidade das crianças para melhor adaptar a seu nível os métodos de educação":

o primeiro sentimento da infância – caracterizado pela "paparicação" – surgiu no meio familiar, na companhia das criancinhas pequenas. O segundo, ao contrário, proveio de uma fonte exterior à família: dos eclesiásticos ou dos homens da lei, raros até o século XVI e de um maior número de moralistas no século XVII, preocupados com a disciplina e a racionalidade dos costumes [...] pois viam nelas frágeis criaturas de Deus que era preciso ao mesmo tempo preservar e disciplinar. Esse sentimento, por sua vez, passou para a vida familiar. No século XVIII, encontramos na família esses dois elementos antigos associados a um elemento novo: a preocupação com a higiene e a saúde física [...] Tudo o que se referia às crianças e à família tornara-se um assunto sério e digno de atenção. Não apenas o futuro das crianças, mas também sua simples presença e existência eram dignas de preocupação – pois a criança havia assumido um lugar central dentro da família. (ibidem, p.163-4)

Nessa narrativa, percebe-se claramente que a partir do "século XVII inicia-se uma abundante discussão acerca da preservação da criança". O autor demonstra que esses pequenos seres que eram desprezados passam a receber uma atenção especial e um lugar específico no seio da família. O surgimento de termos como "criança", "infância" e "adolescente" demonstra a especialização que foi surgindo em torno da criança, como meio de separá-la do mundo dos adultos. Ariès vê a educação e a difusão da escola e dos colégios como fundamentais nessa estratégia. O estabelecimento definitivo de uma regra de disciplina completou a evolução que conduziu da escola medieval, simples sala de aula, ao colégio moderno, instituição complexa, não apenas de ensino, mas de vigilância e enquadramento da juventude. Essa evolução da instituição escolar está ligada a uma evolução paralela do *sentimento das idades da infância*". O colégio se popularizou, tornando-se um instrumento para a educação da infância e da juventude em geral. Nessa mesma época, século XV e sobretudo o XVI, o colégio modificou e ampliou o recrutamento, tornando-se então uma instituição essencial da sociedade.

Com Ariès (1981), percebe-se a crescente individualização que a categoria "infância" vai sofrendo, e junto com ela um novo modelo de escola, como "espaço próprio de educação e vigilância". Os novos pressupostos da sociedade, que se alteram gradativamente, não podem mais prescindir de um controle cada vez maior sobre a criança. Valoriza-se uma nova etapa da vida das pessoas para a formação de seu caráter e controle de seu comportamento:

A partir do século XV, e sobretudo nos séculos XVI e XVII, apesar da persistência da atitude medieval de indiferença à idade, o colégio iria dedicar-se essencialmente à educação e à formação da juventude, inspirando-se em elementos da psicologia [...] Descobriu-se então a necessidade da disciplina: uma disciplina constante e orgânica, muito diferente da violência de uma autoridade mal respeitada. Os legisladores sabiam que a sociedade turbulenta que eles comandavam exigia um pulso firme, mas a disciplina escolar teve origem na disciplina eclesiástica ou religiosa; ela era menos um instrumento de coerção do que de aperfeiçoamento moral e espiritual [...] Os educadores a adaptariam a um sistema de vigilância permanente das crianças, de dia e de noite, ao menos em teoria. A diferença essencial entre a escola da Idade Média e o colégio dos tempos modernos reside na introdução da disciplina. Os mestres tendem a submeter o aluno a um controle cada vez mais estrito, no qual as famílias, a partir do fim do século XVII, cada vez mais passaram a ver as melhores condições de uma educação séria. A criança, enquanto durava sua escolaridade, era submetida a uma disciplina cada vez mais rigorosa e efetiva, e essa disciplina separava a criança que a suportava da liberdade do adulto. Assim, a infância era prolongada até quase toda a duração do ciclo escolar. (Ariès, 1981, p.190-1)

A disciplina tem uma importância crescente nesse novo modelo escolar. Paralela à transmissão de conhecimentos e cultura, a escolarização das crianças tem uma segunda intenção, talvez mais importante e estratégica, que é o controle disciplinar. A disciplina escolar de que trata o autor não é apenas o respeito às regras da instituição, mas a introdução gradual, nas crianças, do autocontrole, ou seja, é uma forma de dominação do comportamento que habitua as crianças a obedecer, impondo-lhes uma relação de "docilidade-utilidade". Destarte, como já foi dito, a escola moderna foi engendrada paralelamente ao surgimento da categoria infância.

Da mesma forma, uma nova modalidade de família surgiria, por meio da ascensão de um sentimento novo, o "sentimento da família", que supera o pouco valor que lhe é atribuído na Idade Média. Ela quase não existia sentimentalmente entre os pobres, pois esses estavam desligados das relações de linhagem. Ariès (1981) vai desvendar a valorização desse novo sentimento, mediante o florescimento da iconografia familiar no século XV, e sobretudo no XVI. Desse momento em diante, a família não é apenas vivida discretamente, mas é reconhecida como um valor e exaltada por todas as formas da emoção. A família se torna nuclear, formada pelos seus membros próximos, pais e filhos, amparada por esse sentimento tão forte que se formou em torno da família conjugal, a família formada pelos pais e filhos. Esse sentimento está muito ligado ao "sentimento da infância". As preocupações com a honra, com a linhagem, com a integridade do patrimônio ou com a antiguidade do nome são cada vez mais afastadas e vão sendo substituídas pela preocupação exclusiva com a reunião inseparável dos pais e filhos.

Fica evidente como o novo "sentimento em relação à infância" alterou de modo radical as instituições nas quais a criança está inserida. À medida que surgem as novas relações internas com a criança, transforma-se totalmente a estrutura da família. Da mesma forma, ela está intimamente ligada com a escola, que se torna o instrumento normal de iniciação social, na passagem do estado da infância ao do adulto. A preocupação de isolar a criança do mundo dos adultos, por meio do rigor moral, era uma constante na pedagogia dos educadores. Nesse conjunto de mudanças, os pais se preocupam em vigiar seus filhos mais de perto e não abandoná-los. A substituição da aprendizagem pela escola exprime também uma aproximação da família e das crianças, do sentimento da família e da infância outrora separados. A família concentrou-se em torno da criança. A concentração da preocupação da família na criança demonstra a grande transformação pela qual passou essa instituição. Essa transformação se deu em conjunto com a escola, que foi seu complemento, pois substituía as antigas formas práticas de aprendizagem. Por meio dela, difunde-se o hábito geral de educar os filhos, sem a necessidade de se afastar deles para a aprendizagem. Com o aumento do número de unidades escolares, esse hábito é difundido por todo o corpo social com o declínio definitivo dos antigos métodos de aprendizagem.

Com o surgimento desse novo "sentimento de família", aparece também a "intimidade doméstica". A nova família se isola do exterior fechando-se em torno de si mesma:

> No século XVIII, a família começou a manter a sociedade à distância, a confiná-la a um espaço limitado, aquém de uma zona cada vez mais extensa de vida particular. A organização da casa passou a corresponder a essa nova preocupação de defesa contra o mundo. Era já a casa moderna, que assegurava a independência dos cômodos fazendo-os abrir para

um corredor de acesso [...] Já se disse que o conforto data dessa época: ele nasceu ao mesmo tempo que a intimidade, a discrição, e o isolamento, e foi uma das manifestações desse fenômenos. (Ariès, 1981, p.265)

Surgia a necessidade do isolamento, onde a educação dos filhos seria de estrita competência dos pais e da escola. Saúde e educação seriam as duas únicas preocupações dos pais:

> Entre o fim da Idade Média e os séculos XVI e XVII, a criança havia conquistado um lugar junto de seus pais, lugar este a que não poderia ter aspirado no tempo em que o costume mandava que fosse confiada a estranhos. Essa volta das crianças ao lar foi um grande acontecimento: ela deu à família do século XVII sua principal característica que a distinguiu das famílias medievais. A criança tornou-se um elemento indispensável da vida quotidiana, e os adultos passaram a se preocupar com a educação, carreira e futuro. Essa família do século XVII, entretanto, não era a família moderna: distinguia-se pela enorme massa de sociabilidade que a conservava [...] A família moderna, ao contrário, separa-se do mundo e opõe à sociedade o grupo solitário dos pais e filhos. Toda a energia do grupo é consumida na promoção das crianças, cada uma em particular, e sem nenhuma ambição coletiva: as crianças, mais que as famílias. (Ariès, 1981, p.270-1)

Aos poucos, e principalmente a partir do século XVIII, esse modelo de família se estendeu para as classes subalternas, provocando a difusão desse novo sentimento.

Houve, portanto, no século XVII, uma total inversão de tendência, pois a criança conquistou um *status* que outrora lhe era negado. Nesse processo, de "descoberta-invenção da infância", a escola, organizada sob o princípio da vigilância permanente, como apêndice da família, tem como principal escopo modelar o indivíduo para a vida na nova sociedade industrial nascente. A escola se torna o lugar ideal da criança.

Em suma, pelo texto de Ariès (1981), fica claro que a posição de destaque da criança e da infância, que se estrutura no século XVII e chega até nossos dias, não se alterou por um sentimento humanitário da sociedade, mas por meio de um projeto de moralização que reflete o imperativo de uma reorganização social num dado momento histórico. A família moderna, juntamente com a escola, retirou a criança da sociedade dos adultos. Confinada na intimidade do lar, a criança é preparada para uma vida de vigilância e autocontrole.

O controle social por meio da família e da criança

Como fundamento da idéia central deste trabalho, verifica-se que o controle judicial sobre as crianças e os adolescentes infratores se baseia na norma, e não na lei. Segundo Foucault (1987), no século XIX houve uma invasão progressiva do espaço da lei pela norma como controle social. A partir dele, vários autores aplicaram seus estudos para demonstrar como são acionados os mecanismos normalizantes, cujos efeitos não são os da lei, baseados na punição, mas principalmente os da norma, que agem à margem da lei, e que empregam uma técnica de sujeição própria. O controle baseado na norma visa prioritariamente à prevenção, à regulagem de comportamentos:

> A lei, através da repressão, busca principalmente negar, desqualificar, obstruir a via de acesso do indesejável. A norma, embora possa incluir em sua tática o momento repressivo, visa prioritariamente a prevenir o virtual, produzindo fatos novos. A regulação é o mecanismo de controle que estimula, incentiva, diversifica, extrai, majora ou exalta comportamentos e sentimentos até então inexistentes ou imperceptíveis. Pela regulação os indivíduos são adaptados à ordem do poder não apenas pela abolição das condutas inaceitáveis, mas, sobretudo, pela produção de novas características corporais, sentimentais e sociais. (Costa, 1999, p.50)

Acreditando que a estratégia de controle do Poder Judiciário para os adolescentes infratores é baseada na norma e não na lei, ou seja, que ele regula, controla e gere comportamentos em vez de puni-los, é necessário que façamos um estudo histórico sobre a adoção desses mecanismos de controle. Para que possamos compreender o controle social exercido pela tutela judicial, mostra-se importante uma reflexão sobre o papel que atualmente desempenham a família e a criança na estratégia geral de controle social, por meio das alterações sofridas historicamente. As transformações que ocorreram no sentimento da infância e da família foram estrategicamente direcionadas visando proporcionar um novo poder, que não possui coerção visível, mas, pelo contrário, que se exerce anonimamente, de forma silenciosa, não permitindo nenhum espaço de ilegalidade, de forma a garantir a coesão social. Donzelot (1986) mostra como a família foi reorganizada em torno da conservação e educação da criança, mediante a intervenção normativa, como forma de controle político da população.

Essa estratégia é uma forma menos onerosa de manutenção da ordem e de mais eficácia nos seus resultados. A família e a criança serão um dos principais campos de investimentos e alvo estratégico de sua ação. Sobre eles se organizará uma rede de vigilância e controle, mediante práticas sociais, que se lastreará num saber que definirá o normal e o anormal. Tendo como referência a norma, esse poder anônimo e funcional individualiza cada vez mais aquele sobre o qual se exerce, como a criança, o homossexual, a prostituta e o delinqüente. Para esse fim, as ciências humanas ganham espaço, especialmente com a medicina e a psicologia, de onde proliferaram várias categorias de trabalhadores técnico-assistenciais, entre elas a própria assistência social, que possui importância singular nessa estratégia de controle.

É indispensável, para que se compreenda a estratégia do trabalho pedagógico-judicial, que se faça uma análise do livro *A polícia das famílias*, de Donzelot (1986). O livro demonstra como se formou historicamente essa estratégia geral de controle por meio de instâncias como: a Família, a Medicina, o Poder Judiciário e as Profissões Assistenciais, no cuidado com a infância. Ele faz uma reconstrução do nascimento da preocupação com o "social", e sua concretização nas várias práticas de cuidados com a infância, por intermédio da história da França, de onde essas práticas se difundiram pelo Ocidente.

Da mesma forma que hoje não se podem compreender as constituições das democracias liberais, como é o caso do Brasil, sem compreender as idéias de pensadores do século XVIII, como J. Locke e

Jean-Jacques Rousseau, entre outros, pois todas têm por base suas teorias, também não se podem compreender o Estatuto da Criança e do Adolescente e as políticas públicas para as crianças e adolescentes sem recuperar sua estratégia de origem. Para essa retomada histórica, que possibilita entender os principais pressupostos das legislações de menores do mundo ocidental, Donzelot (1986) é imprescindível. Segundo ele, no século XVIII, surge uma extensa literatura sobre o tema da "conservação das crianças". Inicialmente produzida por médicos, a eles juntam-se, depois, os administradores, os policiais e os militares. Questionam os costumes educativos de seu século, "visando três alvos privilegiados: os hospícios de menores abandonados, a criação dos filhos por ama-de-leite, a educação artificial das crianças ricas". Eles estariam empobrecendo a nação e enfraquecendo sua elite. Surge uma crítica na maneira de se cuidar das crianças e, ao mesmo tempo, percebe-se uma diferença desse cuidado dentro da divisão da classe social à qual a criança estava inserida. Nesse período, havia nas classes inferiores um alto índice de abandono e mortalidade das crianças:

> Na extremidade mais pobre do corpo social, o que é denunciado é a irracionalidade da administração dos hospícios, o pouco benefício que o Estado retira da criação de uma população que só excepcionalmente chega a idade onde pode reembolsar os gastos que provocou. Trata-se, neste caso, da ausência de uma economia social. Na extremidade mais rica, a crítica se dirige à organização do corpo com vistas a um uso estritamente perdulário, através do refinamento de procedimentos que fazem dele um puro princípio de prazer [...] A força desses discursos que incitam à conservação das crianças, provém, sem dúvida, da conexão que estabelecem entre o registro médico e o registro social, entre a teoria dos fluídos sobre o qual repousa a medicina do século XVIII, e a teoria econômica dos fisiocratas. Toda a sua potência militante decorre da relação que eles podem fazer valer entre produção da riqueza e tratamento do corpo. (Donzelot, 1986, p.18)

Depreende-se, dessa preocupação, uma nova relação entre Estado e sociedade. Com os fisiocratas, o Estado não tem mais somente a necessidade de produção, mas deve também reger as relações sociais de maneira a intensificar ao máximo a produção e o lucro. Assim, as casas de crianças abandonadas pelo índice de mortes e maus-tratos que acusavam não se prestavam nem sequer à conservação desses seres para a defesa da pátria nas colônias, papel geralmente desempenhado pelos jovens sem vínculos afetivos com pessoas. Por sua vez, as amas-de-leite, utilizadas pelas famílias abastadas, podiam envenenar os filhos das famílias pelo seu "leite raivoso", em razão da raiva que cultivavam aos patrões. Além disso, por não terem boa educação e por serem, em geral, pervertidas, ensinavam maus hábitos, incluindo as práticas sexuais precoces. Também enfaixavam as crianças para não ter trabalho, desenvolvendo o costume de coletes e amarras com a justificativa de embelezar o corpo, e isso comprometia o vigor físico.

Donzelot (1986, p.21) examina em sua obra as distintas estratégias sociais e institucionais de conservação da infância:

> Conservar as crianças significará pôr fim aos malefícios da criadagem, promover novas condições de educação que, por um lado possam fazer frente à nocividade de seus efeitos sobre as crianças que lhes são confiadas e, por outro lado, fazer com que todos os indivíduos que têm tendência a entregar seus filhos à solicitude do Estado ou à indústria mortífera das nutrizes voltem a educá-los. Se a causa do mal é a mesma em toda a parte, se o alvo principal é claramente designado em toda a parte, se o alvo principal é claramente designado na criadagem, os remédios diferem, justamente, quer se trate dos ricos ou dos pobres. Exalta-se o século XVIII por sua revalorização das tarefas educativas, diz-se que a imagem da infância mudou. Sem dúvida. Mas, o que se instala nessa época e uma organização dos comportamentos educativos em torno de dois pólos bem distintos, cada qual com uma estratégia bem diferente.

Essa nova preocupação reorganiza a estratégia de controle educativo da infância. Mas, como já foi dito, por meio de dois pólos distintos e com estratégias diferentes. Para o autor, o primeiro tem por eixo a difusão da "medicina doméstica", compreendendo isso como um conjunto de conhecimentos e de técnicas que devem permitir às classes burguesas "tirar seus filhos da influência negativa dos serviçais e colocar esses serviçais sob a vigilância dos pais". O segundo poderia agrupar, sob a etiqueta de "economia social", todas as formas de direção da vida dos pobres com o objetivo de "diminuir o custo social de sua reprodução", de se obter um número desejável de trabalhadores com um mínimo de gastos públicos; em suma, o que se convencionou chamar de filantropia.

Dentro do padrão de acumulação da sociedade industrial capitalista da Europa do século XVIII, novas exigências de controle social emergem. O Estado tem que se reorganizar para que se possam neutralizar as forças constrangedoras da economia e da riqueza. A economia liberal não pode mais resolver os problemas da desordem por meio de uma repressão pura e simples, mas necessita da instauração de procedimentos de "conservação e formação da população". Reorganiza-se a sociedade para que o Estado não se onere com encargos indevidos, incumbindo as famílias dos cuidados e vigilância de seus filhos. Para isso será formada e adaptada toda uma rede social visando regular todas as coisas relativas ao Estado para potencializar a nação.

Nas classes burguesas, é a medicina a instituição que, em princípio, se ocupa disso numa ampliação de seu âmbito de ação, reivindicando para si o controle da sobrevivência física e psicológica das crianças. Na constituição e consolidação do saber médico, nesse momento, é fundamental sua aliança com uma outra instituição: a família. Ela também se transforma nessa aliança: ganha nova organização, com ênfase na intimidade e privacidade, e com conotação de berço da educação e do afeto sob uma nova mulher, a "esposa-mãe".

A prática do médico de família vai inaugurar a relação família/medicina, mediante uma aliança privilegiada entre o médico e a mãe. O saber médico substitui gradativamente o saber empírico e popular. A mulher – ou seja, a mãe – ganha um lugar privilegiado nessa mediação, é promovida à função de auxiliar médica na educação familiar. Define-se, portanto, um novo papel doméstico para a mulher, como a executora das decisões do médico no seio do lar:

Essa ligação orgânica entre o médico e a família irá repercutir profundamente na vida familiar e induzir sua organização em pelo menos três direções: 1. o fechamento da família contra as influências negativas do antigo meio educativo, contra os métodos e os preconceitos dos serviçais, contra todos os efeitos das promiscuidades sociais; 2. a constituição de uma aliança privilegiada com a mãe, portadora de uma promoção da mulher por causa deste reconhecimento de sua utilidade educativa; 3. a utilização da família pelo médico contra as antigas estruturas de ensino, a disciplina religiosa, o hábito do internato. (Donzelot,1986, p.23-4)

É a partir desse momento que a família executa um "retraimento tático", fechando-se dentro dela mesma contra as influências externas do antigo meio educativo, ou seja, a criação das crianças em comunidades ou famílias substitutas. A esposa-mãe assume um novo poder na esfera doméstica, com maior importância nas funções maternas. Tem a função de guardiã da ordem e da moralidade das relações sociais, é responsável direta pela educação, pela saúde e pelo desenvolvimento físico-psicológico das crianças. Os livros médicos dos séculos XVIII e XIX trazem diversos conselhos destinados à mãe, que vão desde a maneira correta da amamentação até a criação, a sexualidade, os traumas, e aí por diante. Para o autor, por meio dessa ação, a "família burguesa torna-se, progressivamente, a aparência de uma estufa aquecida contra as influências exteriores, e o médico, graças à mãe, derrota a hegemonia tenaz da medicina popular das comadres" (ibidem).

Toda essa estratégia é válida, segundo Donzelot, para as famílias abastadas, que dispõem de serviçais, cujas esposas podem se dedicar à organização da casa, pagar os estudos dos filhos no liceu e, finalmente, aquelas que podem tirar proveito da cultura dos livros. A intervenção nas famílias populares passa por outros canais. Trata-se, igualmente, da preocupação de garantir a "conservação das crianças" e de estender os mesmos preceitos higiênicos; porém a condução estratégica da operação é diferente. É a administração pública que chega primeiro à classe popular, e o faz no sentido de proteger as crianças em abandono e as prostitutas. Criam-se os hospícios para os menores abandonados, conventos para as meninas abandonadas, e as prostitutas são proibidas de permanecer nas ruas, sendo confinadas às casas de tolerância organizadas pela própria polícia. No fim do século XIX, essas práticas serão desacreditadas pela violência, pela corrupção e pelos escândalos:

> Quando nascem os conventos de preservação, as casas de tolerância e os hospícios de menores abandonados, seu objetivo é explicitamente conciliar o interesse das famílias e o interesse do Estado, conciliar a paz das famílias pela moralização dos comportamentos e a força do Estado através do tratamento dos restos inevitáveis desse regime familiar, os celibatários e os menores abandonados. O crescimento da polícia no século XVIII se apóia no poder familiar, promete-lhe felicidade e tranqüilidade, estendendo seu império sobre os rebeldes e as escórias da família. (Donzelot,1986, p.28-9)

Essa harmonia entre família e Estado possui apenas uma "conivência tática", pois o que perturba as famílias são os filhos adulterinos, os menores rebeldes, as moças de má reputação, ou seja, tudo o que prejudica a honra familiar, sua reputação e sua posição. Já para o Estado, o que o perturba é o "desperdício das forças vivas, os indivíduos inutilizados ou inúteis". Desse modo, os hospitais gerais, a roda dos expostos, os hospícios, os conventos servem de base estratégica para uma série de intervenções corretivas sobre a vida familiar.

Essas práticas de isolamento são as primeiras formas de atendimento da marginalidade que constituía uma ameaça à ordem social e, sobretudo, à ordem familiar burguesa. Controlar o abandono, a marginalidade e a vida fora do casamento por meio da segregação visava depurar a sociedade de seus inconvenientes.

Logo, essa estratégia de recolhimento e confinamento sofreria ataques sistemáticos dos médicos e higienistas, pela sua ineficiência, sua corrupção e desvios. Além disso, encorajava o abandono e não controlava de forma geral os desperdícios das forças produtivas:

> Em 1837, De Gasparini sanciona o fracasso dessa política através de um relatório ao rei onde emite a idéia de substituir o recolhimento hospi-

talar, com seus inconvenientes, por um sistema de assistência domiciliar para a mãe [...] Isso significaria também, substituir o sistema de roda por um outro serviço aberto [...] A organização dos serviços de admissão não mais na base do recolhimento cego e sim do serviço aberto possibilitava, por um lado, desencorajar o abandono e, por outro, atribuir os auxílios a partir de uma investigação administrativa da situação das mães. (Donzelot,1986, p.33)

Assim, no bojo da campanha, de fechamento dos hospícios de menores e das rodas, são propostas pelos higienistas, médicos e administradores novas estratégias de controle, agora de forma aberta e mais eficiente, sempre dentro dos princípios da vigilância e do controle. Essa é a base sobre a qual se erigem os programas filantrópicos progressistas. Como parte desse programa, foi fornecida uma assistência financeira e médica às mulheres mais pobres, que se generalizou, até se transformar, no século XIX, no nosso conhecido salário-família. Decorre daí uma extensão do controle médico sobre a criação dos filhos de família popular. Esses médicos e sociedades protetoras da infância passam a controlar as mães e a orientá-las nos cuidados com os filhos, mediante uma inspeção sistemática e aperfeiçoamento dos métodos educacionais. As sociedades filantrópicas, apoiadas por comitês patronais, controlam as famílias populares para detectar maus-tratos e todos os delitos decorrentes da falta de vigilância. Destarte, por meio do controle à infância em abandono, é evidente a vigilância recebida pela mulher. De mãe desleixada, ela passa à categoria de mandatária do Estado, subvencionada pelo salário-família.

Como parte integrante desse projeto de moralização, no fim do século XIX inúmeras associações filantrópicas e religiosas assumem o objetivo de ajudar as classes pobres, moralizar o seu comportamento, facilitar sua educação, convergindo seus esforços para a restauração da vida familiar. Essa iniciativa é tomada primeiramente pelas sociedades patronais e depois disseminada por inúmeras associações filantrópicas que negociam a ajuda material e financeira pela obrigatoriedade do casamento legítimo. Esse método, de incentivo ao casamento, mostra-se útil quando fortalece o lugar institucional das mulheres das classes populares, fazendo-as recuar do mercado de trabalho e centrando-as na vida familiar. O árduo trabalho doméstico é o dote que deve ser pago pela mulher como substituição àquela antiga convenção matrimonial. Mas o homem-marido deve, agora, merecer esse sacrifício doméstico por meio de novas responsabilidades que lhes são imputadas:

> não será uma soma de dinheiro, já que elas são numerosas demais. Será então seu trabalho doméstico, requalificado, revalorizado, guindado à altura de profissão. Solução que é triplamente vantajosa. Permitia substituir uma despesa social por um acréscimo de trabalho não remunerado. Permitirá igualmente introduzir na vida operária, elementos de higiene relativos à criação das crianças, à alimentação, à regularização dos comportamentos cuja ausência explicava a freqüência das mortes prematuras, das doenças, das insubordinações: o hábito de viver em casas de cômodos, de fazer refeições nas tavernas, de preferir em suma viver na rua, viver em cabarés, não está no princípio dessa decadência física e dessa independência moral da classe operária? Finalmente, essa solução permitirá fazer com que a mulher controlasse o homem, já que só forneceria os benefícios de sua atividade doméstica na medida em que ele os merecesse. (Donzelot, 1986, p.38)

Na sua brilhante maneira de narrar as mudanças ocorridas, o autor deixa clara a valorização do papel materno. Apoiado pelo saber científico dos médicos, persuadindo as mulheres, tanto da classe alta como das camadas baixas, ao sentimento inato do amor materno, e a maternidade, a educação da criança e os cuidados com o lar, realizam uma "vocação natural da boa mãe". A esposa-mãe é elevada ao papel central da família, com responsabilidade moral conferida pelo discurso médico, na clausura do lar.

O principal instrumento recebido pela mulher nessa "estratégia de familiarização das camadas populares é a habitação social". "Tira-se a mulher do convento para que ela tire o homem do cabaré." Para isso, é indispensável uma casa adequada, onde são afastados os estranhos para a entrada do marido e, sobretudo, dos filhos. A habitação deve conquistar um espaço entre o antro e a caserna, funcionando como um esconderijo contra os olhares alheios, fixando a população em lugares visíveis e assegurando maior possibilidade para aplicação das normas. Onde a intimidade pode aflorar como lugar privilegiado de defesa e autonomia. O velho costume medieval de agregar diversos pensionistas numa mesma casa deve ser abandonado em favor da concepção de "uma casa pequena o bastante para afastar os estranhos e grande o suficiente para que pais e filhos disponham de espaços reservados". Ao contrário da fórmula da caserna, onde predomina a reunião de grande número de indivíduos, sob um regime uniforme, com possibilidade de desordem, esse modelo ideal de habitação social da família deve ter como princípio a vigilância mútua dos seus membros. A vertente médico-higienista recomenda um lar depurado das mazelas sociais, longe da promiscuidade e das más influências das ruas, deletéria para os bons costumes, devendo a higiene doméstica ser um pressuposto para a valorização moral da família. Esses médicos sabiam que é sempre nas más habitações que começa a dissolução da família. E que a miséria é o local propício para florescer todo o pauperismo e as utopias:

> Pretende-se que a habitação se transforme numa peça complementar à escola no controle das crianças: que seus elementos móveis sejam banidos para que nela se possa imobilizar as crianças. A busca da intimidade, a competência doméstica proposta à mulher popular são o meio de fazer aceitar, de tornar atraente esse habitat que passa, de uma fórmula ligada à produção e à vida social, a uma concepção fundada na separação e na vigilância. Se o homem preferir o exterior, as luzes do cabaré, se as crianças preferirem a rua, seu espetáculo e suas promiscuidades, será culpa da esposa e da mãe. (Donzelot, 986, p.46)

A ascensão social da mulher, seja ela burguesa, seja popular, em esposa e mãe tem um preço alto a ser pago. Desse momento em diante, a responsabilidade sobre qualquer infortúnio no lar será de sua inteira responsabilidade. Para que seu papel seja corretamente desempenhado foram efetuadas mudanças de todas as ordens. Desde mudanças físicas, como a estrutura da habitação, até a legislação que regula a vida familiar, tendo como exemplos a lei do divórcio de 1884 e da destituição do poder paterno de 1889, que será vista mais adiante.

É importante para a nossa pesquisa a compreensão da definição feita pelo autor do advento da família moderna, centrada no primado educacional. Para ele, existem duas linhas totalmente distintas na promoção dessa preocupação educacional. Ou seja, tanto na família burguesa como na família popular, houve um retraimento sobre si mesma; porém, esse processo não tem o mesmo sentido para cada uma das linhas. Desse modo, a família burguesa constituiu-se por meio de um "retraimento tático de seus membros, objetivando controlar o inimigo exterior, e até mesmo os contatos com os serviçais". Esse processo a eleva socialmente, permitindo-lhe retornar ao campo social com mais força. A aliança com o médico reforma o poder interno da mulher e mediatiza o poder externo da família. Já na família popular, o processo se dá mediante uma redução de cada um de seus membros, o que o autor chama de "relação circular de vigilância" contra as tentações do exterior, tais como: o cabaré e a rua. As novas tarefas educacionais são exercidas à custa de uma perda da sua coextensividade com o corpo social. Isolamento que doravante vai expô-la à vigilância de seus desvios.

Para a mulher burguesa, as tarefas educativas de mãe podem ser externadas socialmente por um trabalho profissional de propagação e irradiação das normas assistenciais e educacionais. A mulher popular, ao contrário da irradiação do modelo educacional, tem, no trabalho externo ao lar, um obstáculo ao seu *status* de mãe, sendo sua missão principal velar por uma retração social de seu marido e de seus filhos.

Tem, como vimos, a proteção da infância como fator primordial no controle e vigilância. O modelo pedagógico proporciona um total controle das famílias e, conseqüentemente, uma rede de vigilância social em que todos estão envolvidos. Essa liberdade vigiada é dissimulada pelo seu caráter terapêutico e educativo:

> Em torno da criança a família burguesa traça um cordão sanitário que delimita seu campo de desenvolvimento: no interior desse perímetro o desenvolvimento de seu corpo e de seu espírito será encorajado por todas as contribuições da psicopedagogia postas a seu serviço e controlada por uma vigilância discreta. No outro caso, seria mais justo defi-

nir o modelo pedagógico como o de liberdade vigiada. O que constitui problema, no que diz respeito, não é tanto o peso das pressões caducas, mas sim o excesso de liberdade, o abandono nas ruas, e as técnicas instauradas consistem em limitar essa liberdade, em dirigir a criança para espaços de maior vigilância, a escola ou a habitação popular. (Donzelot,1986, p.48)

Percebe-se uma diferença tática na aplicação desse modelo pedagógico. Esse modelo, para as famílias populares com o direcionamento da criança em espaços cada vez mais fechados, de tal forma que seu comportamento pode ser controlado com maior rigor, pode ser chamado de *liberdade vigiada*. No caso da família burguesa, como ideal de espaço de sociabilidade, traça em torno da criança um cordão sanitário, em que o contato com o nefasto exterior é preservado em defesa de um desenvolvimento sadio, objetivando uma coesão que se definirá como diferenciação social. Assim, o segundo caso pode ser compreendido como uma *liberação protegida*. Mas, como impor essas normas às famílias populares, de onde provinham os focos de desordem por meio do pauperismo, que exigiam subsídios infindáveis para o seu controle e que ameaçam o poder do Estado? Como obrigar as famílias a manterem seus membros nos limites da ordem e se encarregarem de sua manutenção?

A resposta a esses questionamentos devia levar em conta o caráter liberal do modelo de Estado que estava se formando naquele momento (século XIX) tanto na França como nos demais países europeus. Por definição, o Estado liberal não deveria interferir de forma direta nos problemas sociais, mas sabia da ameaça que pairava no ar, e que poderia destruí-lo, caso não houvesse um "controle efetivo sobre os miseráveis que perambulavam pela cidade ameaçando a ordem". A pergunta central era: como promover uma integração e organização social, por intermédio de práticas que levassem à "conservação da população" e, principalmente, à sua dominação? Havia também uma outra questão: todas essas práticas de controle e conservação deveriam ser lastreadas de forma apolítica, ou seja, deveriam ser implementadas fora da atribuição direta do Estado!

A resposta do autor a essa indagação é que "todas essas demandas sociais deveriam ser garantidas pela ação privada: a filantropia". Ela não pode ser concebida ingenuamente como uma fórmula apolítica, mas como uma "estratégia deliberadamente despolitizante", ocupando uma posição nevrálgica eqüidistante da iniciativa privada e do Estado: "Se considerarmos os núcleos em torno dos quais se organizará a atividade filantrópica do século XIX, constataremos que todos eles se caracterizam pela busca de uma distância calculada entre as funções do Estado liberal e a difusão de técnicas de bem-estar e de gestão da população" (Donzelot, 1986, p.56). Essa atividade filantrópica se efetiva por meio de duas táticas. A primeira é a assistencial, pelo "ensino das virtudes da poupança, fornecendo conselho eficaz em vez de caridade humilhante, promovendo a autonomia da família". A segunda é a médico-higienista que, baseada na necessidade de conservação da população, atacará os "males provocados pela sociedade industrial, com medidas relativas à higiene pública e privada, à educação e à proteção dos indivíduos". A partir dela se irradiará, por todo o corpo social, como suporte de aplicação a que o autor chama de "civilização dos costumes", incitando o Estado a agir por meio da norma, na esfera do direito privado. A eficácia desses discursos moralizadores se concretiza em razão de sua administração não se dar de forma arbitrária, mas subjacente a uma forma de ajuda e alternativa de escapar de uma vida pior. Essa estratégia tem sua eficácia no momento em que faz refluir para a família as demandas sociais antes atribuídas ao Estado como instância responsável pela sua subsistência.

Como se observará mais adiante, essa "estratégia despolitizante" se encontra atuante na estratégia *atual* de controle dos adolescentes infratores, pois o Poder Judiciário garante a ação das instâncias filantrópicas e médicas, por intermédio dos psicólogos, assistentes sociais e educadores:

> Num outro sentido, ela se transforma em *alvo* assumindo as queixas que provinham de indivíduos contra o arbítrio familiar, o que permite torná-los agentes recondutores das normas estatais na esfera pri-

vada. De modo que se poderá tentar compreender a liberalização e a revalorização da família, que irão se desenvolver no final do século XIX, não como um trunfo da modernidade, a mutação profunda das sensibilidades, mas sim como o resultado estratégico da acoplagem dessas duas táticas filantrópicas. (Donzelot,1986, p.58)

A filantropia, portanto, utiliza-se da incitação à poupança como chave mestra do novo dispositivo da assistência, suprimindo o risco da dependência e, conseqüentemente, da insurreição, reforçando, por essa prática, a autonomia da família. Ou seja, incitar as famílias pobres à sua independência econômica por intermédio de conselhos e não de bens, promovendo o socorro financeiro somente em casos comprovados de necessidade extrema e, acima de tudo, quando permitir a penetração desses conselhos. Para que não seja ludibriado pelo "mau pobre", aquele que usa de artimanhas para conquistar ajuda material, a filantropia promoverá um exame em todo o pedido de ajuda, com o escopo de descobrir e evidenciar a moral que a determina. Por causa dessa necessidade de se desvendar as artimanhas da miséria, com possibilidade de se transformar em obstáculo ao trabalho dos filantropos, as famílias pobres sofrem uma vigilância contínua que se expressa no trabalho de descrever pormenores da vida desses miseráveis, cuja intimidade é devassada em nome de uma moral que faça emergir a "verdadeira pobreza". A moralidade das famílias pobres deve ser estimulada e comprovada pelo trabalho de descrição minuciosa da vida de seus membros, à maneira das assistentes sociais de hoje, de forma a estimulá-las à supressão autônoma de sua necessidade, que o autor descreveu como "controlar suas necessidades ou ser controlada por elas".

Havia uma certeza dos filantropos higienistas do século XIX: de que o trabalho infantil, a promiscuidade, as condições de higiene pública e privada, o nomadismo em busca de trabalho, as crianças raquíticas andando em bandos pelas cidades produziam um "contágio fácil com a desordem e a revolta". Nesse período, a revolução de 1848 é um grande exemplo da fácil adesão das massas a revoltas sociais. Dessa forma, no momento em que a criança mais necessita de vigilância, ela está entregue ao trabalho irregular e aos perigos da rua, onde a liberdade vigiada não tinha possibilidades de se efetivar. Mesmo sendo editada uma lei em 1841 sobre o trabalho de crianças nas manufaturas, os pequenos ateliês não a respeitavam.

Para correção dessa situação de semi-abandono das "crianças de risco", são editadas normas de proteção da sua saúde e de sua educação, que deveriam ser colocadas em prática pelas famílias em relação à sua prole, a fim de se evitar problemas sociais. Com isso, se elide um problema econômico do trabalho infantil e do abandono, transformando-o num problema de ordem moral. Nesse momento, o ensino obrigatório entra em pauta. A melhor maneira de difundir essas normas é por meio da educação, e, conseqüentemente, da escola gratuita e obrigatória. A escola obrigatória seria, para os pais que buscam no aumento de sua prole lucro direto com o trabalho infantil, um freio, tanto para o casamento sem condições como para essa taxa elevada de natalidade. Essa coerção, disfarçada de progresso civilizatório, efetiva-se por meio da lei francesa de obrigação escolar de 1881, depois de um grande debate entre filantropos e liberais. É notória a multiplicação de leis de proteção à infância que se iniciam na década de 1840 na França, e paulatinamente por toda a Europa, até o fim do século XIX: (1840-1841) lei sobre o trabalho de menores; (1850) lei sobre a insalubridade das moradias; (1851) lei sobre o salário de aprendizagem; (1876) lei sobre a vigilância das nutrizes; (1874) lei sobre a utilização de crianças pelos mercadores e feirantes.

Parte integrante dessa estratégia de normalização da relação adulto-criança, a escola, por intermédio do professor, tem como missão introduzir nos lares a "civilização através da criança". A difusão das normas de bons hábitos, comportamentos sadios, higiênicos e disciplinados é bombardeada para dentro das famílias pela escola, fazendo das crianças as portadoras dessa civilização dos costumes:

> Se quisermos compreender o alcance estratégico desse movimento de normalização da relação adulto-criança é preciso entender que o que essas medidas visavam era de natureza indissociavelmente sanitária e política, que elas procuravam, sem dúvida, corrigir a situação de abandono em que poderiam se encontrar as crianças das classes trabalhado-

ras, mas também, na mesma medida, reduzir a capacidade sócio-política dessas camadas, rompendo os vínculos iniciáticos adultos-criança, a transmissão autárquica dos saberes práticos, a liberdade de movimento e de agitação que resulta do afrouxamento de antigas coerções comunitárias. (Donzelot, 1986, p.76)

Denota-se que a filantropia travou uma luta tenaz contra esses enclaves populares, de população desenraizada territorialmente, embrutecida, desmoralizada pela miséria, degradada pelos hábitos dos vícios e da vagabundagem, propiciadores da autonomia moral e a liberdade excessiva das crianças, foco de todas as revoltas e motins.

Conforme nos demonstra o autor, na França, no fim do século XIX emerge um terceiro pólo filantrópico que diz respeito ao nosso estudo e que vai atuar diretamente na confluência dos dois primeiros sobre a questão da infância, reunindo num mesmo alvo aquilo que pode ameaçá-la (infância em perigo) e aquilo que pode torná-la ameaçadora (infância perigosa). Esse terceiro pólo surge com a lei de 1889, a qual determina serem pais e mães, que por algum motivo comprometam a segurança, a saúde e a integridade física e moral de seus filhos, ou mesmo por delitos cometidos contra a criança ou por ela, destituídos de seus direitos e do pátrio poder, podendo o juiz confiar a guarda da criança a uma instituição filantrópica ou a terceiros. E as leis de 1898 e 1912, que iriam organizar progressivamente uma transferência de soberania da família moralmente insuficiente para o corpo de notáveis filantropos, magistrados e médicos especializados na infância. Organiza-se um sistema de vigilância contínuo e de delação legítima, no qual a relação dos filantropos com a família é modificada. É em nome da prevenção e da vigilância que as pessoas ligadas a instituições filantrópicas podem penetrar na família, como um procedimento legal, tornando-as intercessoras entre a Justiça e as famílias.

O fim do século XIX é o momento de definir as políticas de controle das famílias e da infância. O que fazer com os menores abandonados, que vivem nas ruas, sem nenhum tipo de vigilância? Mantê-los presos e isolados em prisões especiais, sendo educados até a idade adulta, seria a solução? Nesse caso, não se estaria encorajando as famílias ao abandono, pois teriam a garantia da educação e vigilância, que eram incapazes de dar? Diante dessas indagações, é o momento de se engendrar um controle sobre a infância que proporcione ao mesmo tempo vigilância e liberdade, contornando seus inconvenientes. A colaboração entre Justiça e filantropia produziu um sistema semelhante à nossa atual liberdade vigiada. O menor é condenado e passa para a alçada de administração penitenciária; logo após, é confiado a uma sociedade de patronagem, e essa o devolve à família exercendo sobre ela um controle sobre a boa vigilância. A família que teve seu filho apreendido e devolvido passa a ser objeto de controle direto. Mesmo as famílias que solicitam a ajuda da filantropia são submetidas às mesmas modalidades de gestão que a resultante da intervenção corretiva. Respaldada nas novas leis, a suspensão do pátrio poder seria um fantasma rondando todo aquele que não apreendia as normas morais de comportamento.

No período em destaque, a assistência e a repressão visavam igualmente à atividade preventiva pelas sociedades de patronagem dotadas, graças à norma e às leis que se seguem, de uma margem ampliada de intervenção no seio da família. A edição das normas sanitárias e educativas propiciou ao movimento assistencial a legitimação de sua ação. Coube ao Estado reconhecer de utilidade pública todas as habitações sociais, as escolas, os salários-família, as condições de salubridade, implantados, como foi dito antes, pelo patronato para controlar a população pobre, de tal forma a legitimar sua utilidade como fator de moralização. A filantropia recebeu do Estado uma forma de intervenção alicerçada no ideal da normalização possibilitando a difusão das normas e mantendo o Estado liberal não-intervencionista afastado da promoção de uma intervenção direta. O problema conhecido como "o social" liberta o Estado da iniciativa de implantação de equipamentos de controle, resultado da conjunção de uma atividade de controle e normalização privada desvinculada do político, mas que tem sua racionalização e confirmação asseguradas por ele. A iniciativa privada busca "reforçar a autonomia da família e de seus membros para que não corram os riscos da intervenção pública com a suspensão do pátrio poder":

Lá onde elas não são respeitadas, lá onde são acompanhadas de pobreza e, portanto, de uma imoralidade suposta, a suspensão do poder patriarcal permitirá o estabelecimento de um processo de tutelarização que alia os objetivos sanitários e educativos aos métodos de vigilância econômica e moral. Processo de redução da autonomia familiar, portanto, facilitado pelo surgimento, nesse final do século XIX, de toda uma série de passarelas e conexões entre a Assistência Pública, a justiça de menores, a medicina e a psiquiatria [...] Ao mesmo tempo, a iniciativa privada, que se desenvolvera para limitar o papel do Estado pode, neste caso, colocar-se a seu serviço, com sua experiência de gestão dos pobres, para submeter as normas a uma tutela econômica ou, então controlar a gestão econômica das famílias pobres em nome dessas normas que elas raramente respeitam [...] Dupla linha, cuja conjunção anuncia o caráter de tutelarização social de que se revestirá a gigantesca campanha sanitária e moral das classes pobres, lançadas no final do século XIX. (Donzelot, 1986, p.85)

A prevenção passa a ser o fator de união das atividades da repressão e da assistência, tornando a família insubmissa campo de missão dessa dupla linha que, como foi dito antes, empregará a necessidade econômica como meio de difusão das normas. O autor vai mais longe quando diz que mesmo as famílias comprovadamente "capazes de autonomia econômica, através da poupança, terão que provar também sua capacidade de difusão das normas". A relação entre a família e as organizações de aconselhamentos e, principalmente, a escola seria de *sedução*. Sedução, pois ela percebe que só no momento em que aderir às normas, colaborando com as organizações de aconselhamento, sua autonomia será majorada e estará se afastando do risco da intervenção pública. Esse relacionamento de atração se apóia no desejo de autonomia da família e dos indivíduos. A incorporação das normas na vida familiar e individual proporciona a autonomia e a liberdade, sendo percebida por eles a cada avanço em direção à normalização do comportamento.

A lei do divórcio (1884) está nesse contexto de liberação das relações intrafamiliares. Entre a lei do divórcio e a lei de destituição do poder paterno (1889), há somente cinco anos de intervalo. A família deve usar essa liberdade para ganhar autonomia, por intermédio da observação das normas que garantam a utilidade social dos seus membros. Ou seja, a liberdade entre os parceiros se dá mediante um contrato tácito com o Estado.

Para o autor, essas mudanças demonstram a passagem de um "governo *das* famílias (Antigo Regime) para um governo *através* da família", transformando-se em "relé",[1] e suporte obrigatório ou involuntário dos imperativos sociais. As exigências normativas, que demandam uma ligação com a assistência, podem ser "negativas quando apresentam ausência de autonomia financeira, o que acarreta uma imoralidade geradora de carências educativas e sanitárias, justificando uma tutela econômica a fim de fazer reinar as normas".

O não-cumprimento dessas normas pode justificar uma ação preventiva de "tutelarização de seus membros", apoiando-se na defesa dos mais frágeis (crianças e mulheres), permitindo uma intervenção estatal corretiva à custa de uma perda quase completa dos direitos privados. Entretanto, podem ser positivas quando a família "controla sua autonomia utilizando-se de sua capacidade econômica, resolvendo na esfera privada os problemas advindos do plano da normalidade de seus membros". Isso se dá quando uma família rica percebe um comportamento "anormal" de um filho e busca ajuda na psicoterapia. Ela está, dessa maneira, gerindo privadamente um problema que poderia afetar sua autonomia. Indiretamente, está consumindo e apropriando-se de normas sem a necessidade da intervenção do poder público.

O mecanismo da tutela opera na dinamização da reorganização das camadas populares segundo os princípios da higiene doméstica, do recuo do espaço público para o interior do lar, da criação e da vigilância da família:

---

1 Conforme o *Dicionário Aurélio*, relé é "um dispositivo por meio da qual um circuito é controlado por variações das condições elétricas nele mesmo, ou noutro circuito". Dessa forma, o autor compara o complexo tutelar judicial a um relé, pois, por intermédio de seus pedagogos, pretende identificar as variações comportamentais das crianças e dos adolescentes em confronto com a lei.

Do mesmo modo, os dispositivos de poupança, de incitação escolar, de aconselhamento relacional, se efetivam na conexão entre a família moralizada e normalizada e a família burguesa. Entre a impotência da primeira e o desenvolvimento da segunda, eles tecem uma trama obsedante da promoção que fornecerá os traços característicos da pequena burguesia com seu sobre-investimento na vida familiar, seu sentido de economia, seu fascínio pela escola, sua busca febril de tudo o que pode fazer dela um bom "ambiente". (Donzelot, 1986, p.88)

Por meio desses mecanismos, as famílias populares adotam de forma coercitiva as características de higiene, educação e vigilância que a família burguesa busca como forma de majoração da autonomia. Todas essas estratégias fazem parte de um plano que torna a família um mecanismo de controle social. Mecanismo que pode ser controlado externamente na suposta proteção de seus membros.

Para o devido controle externo das famílias, surge a partir do fim do século XIX uma série de profissões, todas ligadas ao trabalho social, tais como o assistente social, os educadores especializados e os orientadores. Para Donzelot (1986), a atuação básica do trabalho social se inseria sobre as classes populares visando à doença da infância como alvo privilegiado que poderia se dar de duas maneiras: a infância em perigo, que não se beneficia de todos os cuidados da criação e educação, e a infância perigosa, a da delinqüência.

O trabalho social vai visar a proteção da infância e o questionamento das atitudes repressivas ou permissivas dos pais. Surgem revistas especializadas que enfatizam a educação, fornecem dados sobre a delinqüência e os delitos infantis. Dessa forma, os educadores têm um saber criminológico que torna possível detectar o futuro delinqüente na organização de sua família e no passado das crianças. Estabelece-se, desse modo, o perfil-padrão do futuro delinqüente que nos recorda a caça às bruxas da Idade Média. Um lar perigoso abriga um "pré-delinqüente", ou seja, uma criança que corre o risco de se tornar perigosa para o sistema. Analisando a vida dos delinqüentes, verificava-se que praticamente todos eles eram oriundos de famílias incapazes de propiciar a seus filhos os cuidados necessários.

Quando detectada uma "família de risco", com as características assinaladas pelos especialistas, instaurava-se uma infra-estrutura de prevenção por meio de uma ação educativa que pudesse reter a criança aquém do delito. Nesse caso, essa família e o pré-delinqüente seriam objetos de saber, pois serviriam, doravante, como um conhecimento adquirido para as intervenções. Seria efetuado um estudo minucioso da vida íntima da família e do contexto em que ela estava inserida. A "família de risco" passava por um verdadeiro saneamento moral, a fim de se descobrir indícios de se estar gerando o futuro delinqüente. Todo esse trabalho social visava "reduzir o recurso ao Judiciário e penal, ou seja, esse trabalho preventivo procurava evitar que, futuramente, a criança infratora, fruto da inobservância dos preceitos morais e das técnicas de vigilância, se transformasse em perturbadora da ordem social". Esse modelo de intervenção, com o escopo educativo, faz parte de um complexo controle de comportamentos que tem por finalidade última evitar o uso da repressão policial e o dispêndio dos recursos judiciais. O poder repressivo policial e judiciário seria poupado para os casos que extrapolassem a prevenção regenerativa da educação normalizante:

> Partindo de uma vontade de reduzir o recurso ao judiciário, ao penal, o trabalho social se apoiará num saber psiquiátrico, sociológico, psicanalítico, para antecipar o drama, a ação policial, substituindo o braço secular da lei pela mão estendida do educador [...] O saber anularia o poder repressivo, abrindo caminho para uma educação libertadora [...] A substituição do judiciário pelo educativo pode ser vista, igualmente, como extensão do judiciário, aperfeiçoamento de seus procedimentos, ramificação infinita de seus poderes. (Donzelot, 1986, p.92-3)

No trecho citado, o autor enfatiza com clareza a participação efetiva do trabalho social como integrante do complexo judiciário, composto por três instâncias, o Judiciário, o Psiquiátrico e o Educacional, interligadas estrategicamente. Portanto, agora, além da assistência e da "médico-higienista", Donzelot (1986) nos apresenta uma terceira estratégia social: a ação do Poder Judiciário, por meio dos tribunais, sobre as crianças infratoras.

Esses pequenos "delinqüentes", originários das famílias populares, refratários ao trabalho dos educadores, eram levados a tribunais especializados, criados no início do século. Fisicamente, esses tribunais não eram iguais aos comuns, em razão de a criança ser um réu muito singular. O seu espaço era menor, com poucos móveis, com a presença apenas dos familiares, do juiz e dos educadores. O educador era, em geral, um "rapaz com idade muito próxima à do réu, representando a instituição tutelar na vida dele". Mas a presença do educador representava a possibilidade de recuperação do delinqüente. Ele seria o seu responsável em meio aberto, garantindo a ela a "liberdade vigiada", com uma proposta educativa de prevenção e recuperação. A família vai sendo tutelada, ou, como diz Donzelot (1986), "colonizada pelos técnicos judiciais, pois a função do pai, de autoridade familiar, foi tomada pelo Juiz e sua função prática foi substituída pelo educador". O papel da mãe é preservado, enquanto representa a intermediação entre a família e os educadores. Resultado paradoxal da liberalização da família: quanto mais direitos são obtidos, mais se fecha em torno dela a opressão tutelar.

Surge também, nesse período, uma nova forma de detenção dos delinqüentes refratários à normalização, que teria como princípio básico os pressupostos educativos. O novo presídio infantil procurava aliar seus métodos aos da medicina, da psiquiatria e da pedagogia. A palavra-chave agora, independentemente de a criança estar em meio aberto ou fechado, era a educação. Educação, no caso específico, queria dizer vigilância e interiorização das normas e preceitos morais. Partindo desse princípio básico, o Tribunal de Menores operava para evitar ao máximo a pena de reclusão do infrator, para obter um controle em meio aberto. A ação preventiva visava "cercar o corpo delituoso ao invés de estigmatizá-lo, através de uma discreta diluição da pena". A prevenção, com base na "liberdade vigiada", que fazia funcionar toda a estratégia social, administrava as crianças que ingressavam no Judiciário. As três estratégias juntas organizavam em torno da criança de risco um "cordão pedagógico" que visava mantê-la em vigilância constante.

Começava-se a perceber o papel imprescindível do Judiciário na legitimação e equação dessas medidas no período de experiência da criança em liberdade. Mas não era apenas com crianças infratoras, recrutadas pela polícia, que o Tribunal de Menores trabalhava. Ele examinava os casos da chamada "infância de risco", que geralmente se apresenta por meio da delação de um vizinho, de uma professora, de um educador. Dessa forma, o juiz tomava conhecimento de uma família que, porventura, poderia estar colocando em risco a saúde, a segurança, a moralidade e a educação de uma criança e, conseqüentemente, comprometendo o comportamento do futuro adulto.

Mesmo sendo estruturada na Europa, mais precisamente na França, pode-se perceber a correspondência estratégica com o Brasil. Levando-se em conta a adoção tardia da lei brasileira no controle das crianças e adolescentes em conflito com a lei, tem-se hoje uma estrutura de atuação que reproduz fielmente essas táticas descritas. A organização do complexo tutelar brasileiro só se organizou taticamente após a Constituição de 1934:

> No plano do direito constitucional, percebemos que somente a partir da Constituição de 1934 surgirá a preocupação com o menor, proibindo o trabalho de menores de 14 anos que não tivessem permissão judicial, o trabalho noturno aos menores de 16 anos e, nas indústrias insalubres, aos menores de 18 anos. A Constituição de 1946, por seu lado, elaborada no período da chamada redemocratização, manteve as proibições, ampliando para 18 anos a idade de aptidão para o trabalho noturno. (Priori, 1998, p.148)

Diante desse quadro, vê-se a importância da assistência social à infância na organização da intervenção judicial na sociedade. Logo abaixo do tribunal, como parte integrante da hierarquia da intervenção, apoiada pelo juiz, a assistência social procura diluir o efeito da pena em medidas educativas e assistenciais. Apoiada pela psiquiatria infantil e pelos educadores, essa assistência social organiza um exame criterioso da vida da criança, de sua família e de toda as suas relações sociais, para localizar o fator gerador do comportamento delituoso. No caso da "família de risco", há todo um procedimento de investigação que revelará as dificuldades encontradas para adequação às normas de vigilância. Assim, o "tribunal de menores não julgava, efetivamente, delitos, mas examinava indivíduos, colocando o menor num dispositivo de instrução penal interminável e de julgamento perpétuo". O exame é ainda um meio de acesso à personalidade da criança. Ou seja, a prioridade do Judiciário não é a natureza, os motivos e as circunstâncias do ato infracional, mas examinar o infrator pelos agentes psicopedagógicos. É a "desmaterialização do delito em proveito da observância do comportamento e da norma". A instrução penal continua sendo uma avaliação da criança, de sua família e do meio social em que está inserida. Por intermédio de relatórios constantes, os educadores, psicólogos e assistentes sociais manterão o Judiciário informado sobre a situação da família e da criança, solicitando a transformação da pena de acordo com as impressões do comportamento apresentado. O papel do Tribunal de Menores é conferir legitimidade ao trabalho dos pedagogos, ou seja, daqueles de distribuem as normas de comportamento, e velam pelo cumprimento dos papéis determinados aos pais. Para Donzelot (1986, p.105), ele deve ser considerado como "viga-mestre do complexo tutelar":

> Viga-mestre, pela posição intermediária que ocupa entre uma instância retribuidora de delitos (a justiça comum), e um conjunto composto por instâncias distribuidoras de normas, a justiça de menores se apóia sobre a primeira a fim de garantir e ratificar o trabalho de outras. Por um lado, confere-lhe uma autoridade, uma capacidade de coerção necessária a seu exercício. Por outro, filtra os produtos negativos do trabalho de normalização. Nesse sentido, pode-se dizer que é o aparelho judiciário que fabrica seus delinqüentes, já que aqueles que passam do registro tutelar para o penal e que constituem uma grande parte dos delinqüentes adultos, foram preliminarmente testados como refratários à ação normalizadora. Essa filtragem orienta para uma carreira de delinqüentes aqueles que não quiseram jogar o jogo.

Incisivo e atual em suas afirmações, Donzelot demonstra como esse "complexo tutelar" tem como escopo a normalização do comportamento, com base nos pressupostos da disciplina, da higiene e da vigilância. Essa adesão à norma é gerenciada e confirmada pelos educadores judiciais, pedagogos do comportamento normalizado, que conduzem ou reconduzem os infratores aos aparelhos disciplinares. Como foi dito antes, o tribunal, terceira estratégia social, proporciona autoridade aos educadores para efetivação desse trabalho, impossibilitando serem rechaçados pela família. Dentre os pedagogos, destaca-se a assistente social, no levantamento de dados referente às "famílias em perigo", que, pela sua pobreza, miséria e promiscuidade, apresentam riscos de filhos infratores. Entrevistando seus membros, registrando o ambiente familiar, levantando dados sobre a vida íntima, ela faz uma investigação judicial, camuflada como assistência terapêutica, de tal forma que produz nos pais um sentimento de gratidão. Desencadeado esse processo de tutela e vigilância, a criança sente-se coagida a, progressivamente, escolher entre a sujeição às normas ou a uma carreira de delinqüência. Percebendo-se descoberta pelo sistema e fora do anonimato em que vivia, a resignação ao comportamento esperado pelos pedagogos é a única forma de liberdade.

Nesse contexto, o que importa para o aparelho judicial é que o indivíduo de risco já foi identificado e já se encontra vigiado pelo sistema. Mesmo que a estratégia disciplinar se mostre ineficaz e o indivíduo trilhe o caminho da delinqüência, a surpresa já foi eliminada e sua vida já está sendo gerida pelos pedagogos. No momento em que o indivíduo passar do registro tutelar para o registro penal, sua vida já estará registrada. Assim a "Justiça de Menores pode ser considerada fictícia por não possuir uma atividade judiciária própria, desempenhando o papel de relé e permutador entre a jurisdição penal comum e a jurisdição invisível das instâncias normalizadoras agrupadas no complexo tutelar" (ibidem). Isso quer dizer que o tribunal proporciona a força coercitiva necessária ao trabalho dos educadores, legitimando as práticas de vigilância. É por seu intermédio que as variações comportamentais são descobertas e delatadas, e de onde emana, mediante o complexo tutelar, a legitimidade da ação normalizadora. Por sua vez, a força da lei protege a função pedagógica educativa de eventuais bloqueios que porventura a família colonizada possa impor ao trabalho corretivo, outrora atribuição exclusiva do poder paterno:

> A vocação educativa do aparelho judiciário nasceu quando se tornou flagrante que o sistema penal era inadequado para conter o fluxo considerável das crianças irregulares, de todos esses menores que se introduziram no interstício entre a velha ordem familiar e a nova ordem escolar, tirando partido da articulação ainda incipiente de suas conexões. Muito numerosas para que se pudesse livrar-se deles com a prisão, demasiados vivos e "selvagens" para que pudessem depender das práticas caridosas eles implicavam a descoberta de uma outra coisa. Essa coisa foi a educação sob o mandato judiciário. (Donzelot, 1986, p.108)

E acrescenta que, para "controlar o trabalho educativo surge progressivamente dentro da jurisdição extrajudiciária, nas imediações do Tribunal Judiciário, a psiquiatria".

A partir de 1912, generalizam-se a Justiça de Menores e a prática do inquérito social, por intermédio da assistência social. Esse inquérito verificava as queixas de pais e vizinhos, analisando o ambiente familiar e as capacidades educativas que eles possuíam. Os relatórios dos inquéritos eram as bases fundamentais para a ação corretiva do aparelho judicial, quando detectada uma criança em perigo. O inquérito estava situado no ponto de encontro entre a assistência e a repressão, pois era por intermédio da eficácia do relatório que o tribunal avaliava as medidas a serem tomadas. Esse procedimento crescia na mesma proporção do "social", de tal forma que em pouco tempo todo o corpo social estaria sendo avaliado. Por exemplo, são passíveis de investigação as famílias que solicitavam auxílio público em demasia, as gestantes pobres e os delinqüentes com seus familiares. Obstruía-se, desse modo, a encenação da pobreza, prática muito utilizada nas camadas populares. O apoio do Estado permitia aos agentes do controle social afastar os inconvenientes da investigação, penetrando em todos os locais de possíveis desvios das normas de comportamentos, possibilitando uma investigação profunda e metódica.

Segundo Donzelot (1986), existiam certas regras para se efetuar a investigação por meio do inquérito. Primeiro, o investigador devia fazer uma "aproximação circular da família"; ou seja, antes de entrar em contato direto com a família, devia coletar dados com pessoas que a cercavam: professores, patrões e vizinhos. Uma segunda regra era o "interrogatório separado e contraditório". As visitas eram feitas geralmente de surpresa, durante o dia. Uma nova visita à noite ou à tarde, não deixando transparecer os dados que porventura tinham sido coletados, propiciava um meio de incitar o pai a respostas mais eficazes. Terceiro, a "verificação prática do modo de vida familiar". Quem devia falar mais eram os investigados. Uma conversa que desse prazer ao investigado, desarmando seus bloqueios e incitando-o a falar o mais que pudesse. Ao mesmo tempo, era feito um levantamento das condições básicas da residência, de modo a ficar consignado no relatório o maior número de informações possíveis. Para isso, o olhar do investigador devia observar desde as condições higiênicas até mesmo o que havia dentro das panelas da cozinha naquele momento.

Evidenciava-se nessas técnicas observadas pelo autor a utilização do mínimo de coerção visível, a fim de se obter o máximo de informações possíveis. Era uma forma de observação e investigação discreta e, ao mesmo tempo, profunda, testando a receptividade da família. A repressão era substituída pela caridade, de tal forma que se estabeleceria entre as partes uma reciprocidade eficaz. As famílias "colonizadas" sabiam que dependiam da receptividade e da colaboração para se manterem afastadas do contato efetivo e coercitivo do Judiciário:

> Em suma, uma técnica que mobiliza o mínimo de coerção para obter o máximo de informações verificadas. No papel, é a formula ideal de abolir a perigosa estigmatização de uma intervenção ostentatoriamente policial, e a não menos perigosa prática caridosa, geradora de hipocrisia social em proveito de uma administração discreta e esclarecida [...] Por meio do inquérito social o assistente testa a receptividade da família a uma intervenção branda [...] As famílias pobres não se deixam enganar, e recebem taticamente bem os serviços que dispensam mais subsídios e instauram mais coerção, para terem menor contato com o aparelho judiciário. (Donzelot, 1986, p.115)

Até aqui verifica-se que, como parte integrante do projeto de controle e vigilância, ampliou-se, de modo considerável, a ação das profissões educativas e assistenciais. No decorrer do desenvolvimento desse modelo de intervenção, o autor nos mostra que desde a sua constituição, em 1922, a Justiça de Menores previa que o "inquérito social será completado, se for o caso, por um exame médico". O recurso à psiquiatria começava a ser visto como um complemento de instrução, numa colaboração convergente. Na nova Justiça de Menores, a decisão sobre a responsabilidade, ou seja, se a criança infratora teve discernimento no momento de seu ato delituoso, para a aplicação da medida, era parcialmente retirada das atribuições dos juízes, e confiada aos médicos. Parcialmente porque era o juiz quem decidia quais os infratores passíveis de exames psiquiátricos. Esse espaço psiquiátrico, conquistado pelo médico na Justiça de Menores, era "parte de uma grande demanda que emanava dos aparelhos sociais em plena expansão, tais como a escola e o exército". A escola e o exército tinham problemas que somente esse saber médico podia resolver.

Gratuita e obrigatória, a escola estava agora aberta a todos os que a procuravam. Mas tornava-se impossível ao professor resolver sozinho os problemas dos inaptos, dos indisciplinados e dos insubmissos. Nessa perspectiva, a família tornava-se, com a ascensão da psiquiatria, o verdadeiro lugar dos males sociais, e o médico era o único a poder discriminar o que competia à disciplina ou ao tratamento orgânico. Portanto, a psiquiatria infantil deslocava a categoria jurídica do discernimento para o de *educabilidade*. Utilizava-se de meios teóricos, por meio do discurso ideal, para funcionar no interior da Justiça de Menores, propondo uma "Justiça de comportamentos paralela e competindo com a justiça de delitos". O modelo de intervenção educativa, proposto pela psiquiatria, encontrava resposta na vertente judicial de substituição da repressão pela educação e da punição pela prevenção. Animados pelo mesmo projeto, o psiquiatra surge ao lado do juiz, armado pela sua teoria que indica a abordagem educativa a ser utilizada, cabendo ao juiz decretá-la. Mas foi somente no período pós-guerra que o aparelho Judiciário sentiu a necessidade de recorrer a um especialista aliado nas práticas de vigilância. Para o autor, isso se deu pois é "somente nesse período que a psiquiatria consegue tornar mais flexível seu esquema de análise, através da pesquisa de parâmetros manipuláveis por uma ação educativa". A flexibilidade desse esquema veio por "intermédio de uma síntese do condicionamento (pavloviano) à perversão com o complexo de Édipo (freudiano)". Conseguiu-se, desse modo, unir a teoria freudiana das carências com os problemas ambientais e a produção de uma teoria que serviria de base organizacional da ação educativa. Nesse momento de definições de papéis, interveio a psicanálise, abrandando a punição e o rigor patológico do discurso médico, atuando por meio do controle das relações:

> Criticavam o mau exemplo dado pelos pais ou imputavam-no à patologia, quando não a alguma tara congênita. Para sair do dilema, Heuyer e Dublineau afirmam: mais do que o próprio exemplo, o que conta é o estado afetivo da criança no momento em que recebe esse exemplo. Bons pais podem ter filhos com reação de oposição quando ficam com ciúmes de seus irmãos, ou são perturbados por uma surda hostilidade no clima familiar [...] A recepção do exemplo será boa ou má, a criança será normal ou manifestará indisciplina, alheamento ou preguiça, roubará, tentará o suicídio, dependendo da existência, no ambiente familiar, de um clima de inveja, de severidade excessiva do pai, etc. Uma pequena resistência da criança é normal (complexo de Édipo) mas, se ela aumentar, quer dizer que "a atividade pessoal da criança não vibra mais em sincronia com o ambiente" [...] A partir de 1936, começam a ser produzidos, junto a Heuyer, artigos e teses provando, com base estatística, o efeito negativo das separações, dos divórcios, da viuvez, e mesmo das famílias numerosas e pobres, já que elas implicam uma gestão das crianças quase unilateralmente materna. (Donzelot, 1986, p.127)

Essa síntese conferiu à psiquiatria o *status* de auxiliar indispensável na ação educativa judicial e estabeleceu seu lugar no aparelho disciplinar. Surgiram argumentos teóricos cujo diagnóstico propiciava uma ação em direção às necessidades judiciais de moralização da criança e da família. A partir da Segunda Guerra iniciaram-se cursos para os trabalhadores sociais e damas de caridade. Até a última guerra, os livros sobre observações de crianças-problema utilizavam sempre o rótulo de "anormais". Em 1943, a psiquiatria estabeleceu a classificação de "crianças irregulares", cuja palavra retirava o problema do plano da anomalia transportando-o para a questão moral. Esse termo foi substituído, em 1956, pelo de "desadaptação infantil", tendo um sentido unificador das "crianças-problema" do Judiciário. Desse momento em diante, mediante esse conceito unificado, pode-se observar uma mudança no saber sobre a criança e na atuação da investigação médico-psicológica sobre a família.

A análise é mais profunda do que o antigo inquérito sobre a moralidade familiar. Busca-se encontrar na relação familiar os conflitos que repercutem no comportamento da criança. Descobrir, na investigação do relacionamento cotidiano, a "família em perigo" e a "criança de risco", tendo como base a avaliação do comportamento dos pais, do valor educativo da família, das características morais da criança e seus problemas pedagógicos. Detalhes, antes ignorados, passam a representar, no conjunto, indicações da necessidade de uma ou outra intervenção.

Por intermédio da psicanálise, a psiquiatria se transforma na principal parceira na ação judicial, imprescindível na estratégia de controle. Fornece ao Judiciário uma técnica de intervenção com caráter terapêutico e benévolo, transforma-se em aliado indispensável do controle "educativo":

> Ele fornece, à ação educacional, uma técnica de intervenção que limita a imprevisibilidade da ação benévola e os acasos do "desejos educativos" [...] Foi a realização final da migração que transpôs o psiquiatra do papel menor e raro de recurso último em casos difíceis, para o papel de inspirador declarado das mais ínfimas decisões judiciárias. O Juiz de menores vê seu papel simbólico aumentar, ao mesmo tempo em que os mecanismos de decisão efetiva lhe escapam. Ele se torna o simulacro ostensivo de uma jurisdição que atualmente se baseia nos especialistas do invisível, pelo menos tanto quanto nele próprio. (Donzelot, 1986, p.136)

Após o redimensionamento psiquiátrico em relação ao Judiciário, acontece, paralelamente ao progresso das técnicas educativas, a migração do poder decisório para um campo externo à Justiça, que passava a ser um papel simbólico de garantia do trabalho "educativo-corretivo". Com o apoio psiquiátrico, a punição torna-se totalmente velada. O "desejo educativo" ganha contornos mais nítidos por meio de uma eficácia invisível, em que o essencial é a reeducação e, intrinsecamente, "curar". Será possível verificar como se dá atualmente esse deslocamento do poder decisório no capítulo de análise dos processos dos adolescentes infratores.

A implantação da estratégia de controle social no Brasil

Se na Europa, e especialmente na França, durante o Estado Moderno, como analisa Donzelot (1986), o controle social sofreu uma mutação, passando a se organizar com base na vigilância, e tendo como base a intervenção na família, no Brasil não foi diferente. A reorganização do controle social acompanhou a implantação do modelo político liberal. No Brasil, em razão do desenvolvimento urbano proporcionado pela chegada da corte e pela nova estrutura econômica, provocado pela abertura dos portos e os investimentos capitalistas da Inglaterra, se inicia no período joanino. Se desde o início da colonização brasileira as famílias oligárquicas eram núcleos do poder, sua reorganização deveria levar em conta as necessidades políticas do novo momento. A implantação de um Estado centralizado devia, inevitavelmente, combater o poder sem limites das famílias oligárquicas, que se contrapunha ao desejo centralizador daquele momento. Essa disputa pelo poder é demonstrada por Jurandir Freire Costa (1999, p.57), pois "o poder paterno colonial alimentava-se da ética religiosa e do domínio do latifúndio sobre o meio cultural":

> Surge então a necessidade premente de se organizarem formas de coerção capazes de redefini-lo aos olhos da família. O poder estatal de

inimigo deveria passar a aliado. Neste momento, as técnicas disciplinares saem do ostracismo colonial e começam a ocupar o primeiro plano da cena político-urbana. O sucesso da higiene indica essa revisão estratégica no trabalho de fissão e reestruturação do núcleo familiar.

A criação do Estado Nacional brasileiro coincidiu com a implantação das técnicas disciplinares e da higiene médica. O novo Estado brasileiro, inserido no contexto do capitalismo internacional e enfrentando pela primeira vez os problemas advindos da urbanização, devia promover as mudanças necessárias para adequar-se a essa nova dinâmica. Paralelamente ao que já havia ocorrido nos países europeus, no Brasil o sistema judicial não tinha capacidade suficiente de controlar e vigiar a todos, devendo engendrar mecanismos que auxiliassem o Estado no controle social. A vigilância necessária à nova ordem social devia brotar dentro das famílias, e, para isso, a saúde serviria como escopo para a sedução de seus membros. Do mesmo modo que na França, onde a assistência social se utilizou de argumentos educacionais e higiênicos para a cooptação da família, no Brasil essa mesma estratégia induziu as famílias a uma colaboração com os objetivos de vigilância do Estado:

> Ao conjunto dessas exigências, a medicina respondeu com a higiene. Idealmente, a família projetada pelos higienistas deixar-se-ia manipular acreditando-se respeitada; abandonaria antigos privilégios em troca de novos benefícios, auto-regular-se-ia, tornando cada um de seus membros, num agente de saúde individual e estatal. Desenvolvendo uma nova moral da vida e do corpo, a medicina contornou as vicissitudes da lei, classificando as condutas lesa-Estado como antinaturais e anormais. (Costa, 1999, p.63)

Essa estratégia de controle social, desenvolvida no Brasil do século XIX, induzia as pessoas a acreditarem que a prosperidade da família dependia da sujeição às normas. A família colonial passou por mudanças que realçaram a importância da mãe e, principalmente, dos cuidados com a criança.

A implantação desse modelo de vigilância, no qual o saber médico deveria se impor, não se deu sem luta. O monopólio do saber médico sobre a família, que se sobrepôs à autoridade paterna, foi uma luta pelo poder que combateu também curandeiros, parteiras e até mesmo a religião, cujos conhecimentos de mesclavam até o século XIX: "No Brasil colonial parece-nos justo concluir terem médicos, comadres, curandeiros e escravos sangradores contribuído quase por igual para a grande mortalidade, principalmente infantil e de mães, que por épocas sucessivas reduziu quase de cinqüenta por cento a produção humana nas casas-grandes e nas senzalas" (Freyre, 1989, p.383).

Essa luta pelo poder se articulou com o desejo centralizador do Estado, que para se efetivar necessitava de uma intervenção eficaz no seio da família. Segundo Costa (1999), a "intervenção médico-estatal sobre a cidade assumiu, junto à família, a forma de higiene e medicina doméstica", e afetou particularmente a organização da casa e a intimidade familiar. Tudo (e todos) que afetava o convívio íntimo do pai, da mãe e dos filhos foi afastado. A regra básica era a de promover, no interior do lar, a possibilidade de controle integral dos membros da família uns sobre os outros. A família passava a ser "colonizada" pelos agentes da normalização que aproximaram seus membros, estimulando o contato permanente entre eles, e enriqueceram seu lado emocional e afetivo:

> Curiosamente, este instante surge quando a família, assaltada por dispositivos normalizadores como a higiene, abre a casa ao convívio social. Daí em diante ela vai enriquecer sua intimidade, como a casa, seus utensílios e os sujeitos, suas individualidades [...] Da mesma forma, os espíritos rudes, as maneiras obtusas e as sensibilidades grosseiras foram transformados pelos corpos disciplinados, plenos de pudores morais e escrúpulos fisiológicos, em almas requintadas e romanticamente angustiadas. (Costa, 1999, p.98)

O Estado brasileiro proporcionou o apoio necessário à expansão da saúde pública. Os médicos se mostraram cada vez mais úteis e seus conselhos eram cada vez mais acatados. O crescimento da intervenção médica caminhou ao lado da urbanização. Todo o desequilíbrio familiar por ela provocado foi reorganizado pelo saber médico.

A centralização política e a medicalização da sociedade brasileira se deram, portanto, como forma de controle social e para afastar o vácuo do poder existente desde o início da colonização:

> O domínio da família na São Paulo colonial existia em um virtual vácuo, devido à fraqueza do Estado [...] Em outras palavras, a lealdade dos membros do clã era dirigida de um para outro, e não incluía o reconhecimento de outra autoridade além dos líderes dos clãs. Parentesco, parentesco ritual, ajuda mútua, troca de clientelismo, eram as bases dessa estrutura. (Kuznesof, 1988, p.48)

Era imperativo ao Estado, no momento de sua afirmação, reorganizar as alianças das famílias subordinando-as ao poder central e disciplinando seus membros. Em nome da criança, que aos poucos foi conquistando um lugar de destaque na sociedade, as intervenções médicas, assistenciais e filantrópicas foram cada vez mais freqüentes. A mulher, cujo papel na sociedade agrário-rural era totalmente subordinado ao marido, também adquiriu um novo *status* social. Ela passou a ser a aliada do médico e parceira do Estado na aplicação das normas. Por meio dos conselhos médicos a casa foi esvaziada dos contatos nocivos com estranhos, agregados e escravos. O lar se transformou em local exclusivo da intimidade familiar. Não haveria mais espaços para que qualquer comportamento anormal não fosse prontamente detectado. O ambiente da casa devia ser propício ao "desenvolvimento sadio" da criança:

> O "intimismo" familiar teve parte de suas origens neste movimento de retração do ambiente familiar, por medo. Medo dos hábitos coloniais que a higiene tratava como se fossem hercúleos soldados da doença [...] O escravo nefasto era útil à medicina. Sua existência mantinha aceso o terror da doença. (Costa, 1999, p.126-7)

A casa deixaria de ser regulada pelas "rotinas religiosas e de subsistência", e passaria a ser regulada estritamente para o atendimento dos interesses da higiene. Como forma de se instituir uma nova "intimidade familiar", as atenções também se voltaram ao vestuário e à indumentária, que, no período anterior à "intervenção higiênica", era valorizada apenas para o contato exterior, no momento em que a família se apresentava em público:

> O que não é para admirar andando os colonos dos séculos XVI, XVII e XVIII de roupas tão impróprias para o clima: veludo, seda, damasco [...] Uns verdadeiros fornos ambulantes, os palanquins de luxo: cobertos de pesados tapetes azuis, verdes e encarnados ou de grossas cortinas [...] Em casa, sempre sentados; ou então deitados nas redes e almofadas quentes. As mulheres de tanto viverem sentadas [...] cambaleavam quando se punham de pé [...] Os meninos andando nus ou de sunganenê. Os grandes de chinelos sem meia; de pés descalço [...] (Freyre, 1989, p.432-3)

Até o século XIX, portanto, a única preocupação da família oligárquica com a imagem era no momento de sua apresentação pública. A casa era freqüentada por inúmeros escravos que faziam todo o tipo de serviço, desde a limpeza da casa até a amamentação das crianças, permitindo aos pais um distanciamento total dos afazeres domésticos e dos cuidados com os filhos. Essa organização impedia, conforme relata Costa (1999), qualquer tipo de "aproximação sentimental entre seus moradores". A intimidade familiar era extremamente ociosa e sem a preocupação com as regras do decoro que eram observadas em seu comportamento em público. A urbanização foi, aos poucos, destruindo essa forma de sociabilidade e, ao mesmo tempo, com auxílio da intervenção médica, construindo uma intimidade doméstica em que o comportamento dentro do lar, e entre os membros da família, se tornou tão ritualístico como o público. O novo papel destinado aos pais devia observar sempre os preceitos higiênicos e morais. O vestuário, a maneira de portar-se ante as crianças deviam ser permeados por uma relação hierárquica e de preparação para a apresentação pública. A casa ideal, ou a "casa higiênica", foi transformada em lugar "doce e encantador":

> Concretamente, as famílias opuseram-se com vigor a toda mudança que viesse a lesar seus interesses. A maneira de dissuadi-las, de forçá-

las a abdicar do antigo poder foi demonstrar que os novos investimentos eram mais lucrativos. Os médicos, em troca da aceitação da higiene, ofereciam promessas de progresso material [...] Na cidade, um filho saudável e educado valia mais que dois escravos [...] Os pais disciplinavam-se para dar exemplo aos filhos, a fim de que estes, bem formados, engordassem a riqueza familiar. (Costa, 1999, p.141)

O compromisso entre a medicina e a família se torna estratégico para os interesses do Estado. De um modo geral, as famílias perceberam que a adoção da nova moral trazia vantagens importantes para o novo momento social, político e econômico que o Brasil vivia. A adesão à "ordem médica" se daria de forma ideológica, pois seu discurso conferiu à família normalizada um papel de destaque no desenvolvimento do país:

A medicina social insistia em mostrar que a saúde do Estado estava para a família assim como a saúde de um filho estava para a mãe. A instituição da família nuclear era a célula mater da sociedade. Desde então, famílias e mais famílias começaram a imaginar-se responsáveis pela ordem e desenvolvimento do Estado [...] O Estado, segundo os médicos, além de pai dos povos, apresentava-se como um corpo natural, uma entidade orgânica de que a família era, simultaneamente, apêndice e útero. (Costa, 1999, p.148)

"Imaginar-se responsáveis pela ordem e desenvolvimento do Estado" é, evidentemente, produto de um discurso ideológico que procurou criar novos laços entre a oligarquia e a nova concepção de Estado, que até aquele momento não havia existido no país. Dessa forma, a adesão ao ideal "higiênico", que se expressa no surgimento da família com as características determinadas pela ordem médica, se concretizou quando a oligarquia se convence da reciprocidade entre seus interesses e do Estado. Da mesma maneira que na França e em toda a Europa, no Brasil a "família nuclear era o modelo ideal para o projeto do Estado liberal". Sua "normalização" se iniciou pelas classes mais abastadas e, num segundo momento, se popularizou:

Fracionando as velhas relações de "casta", religião e propriedade, a medicina higiênica preparou a família para acomodar-se e participar na criação dos valores de classe, corpo, raça e individualismo, características do Estado burguês. Foi neste âmbito que a educação e a conservação das crianças ganharam a importância que têm até hoje. (Costa, 1999, p. 151)

A higiene se apoderou da infância e, a partir dela, por meio dos conselhos médicos, passou a ensinar a família a maneira adequada de proteger os filhos dos perigos dos contágios e dos maus exemplos. O objetivo principal foi a criação de hábitos "saudáveis" na organização familiar. Procurou-se, por meio dos conselhos médicos, atingir toda a família, pois a criança "normalizada" seria o adulto normalizado. O adulto não saberia quando seu comportamento foi docilizado e nem quando havia começado a agir da forma como agia: "A criança antes manipulada pela religião e pela propriedade familiar, ver-se-á, no séc. XIX, novamente utilizada como instrumento do poder. Desta feita, porém, contra os pais, em favor do Estado" (Costa, 1999, p.175).

Os conselhos médicos combateram tenazmente um dos vícios da sociedade colonial que era o ócio. A nova disciplina introduzida na vida familiar foi a do "tempo disciplinar", característico do modelo da sociedade industrial européia. Tanto na família quanto nos colégios, a higiene combateu o vício da ociosidade. Nada podia ser deixado ao acaso. O "tempo disciplinar" invadiu o espaço do lazer, outrora momento de liberdade total, organizou o tempo e definiu-se como "higiene física e mental". Para Costa (1999), a nova sociedade urbana deveria incutir na mentalidade das crianças a "dimensão utilitária do tempo e os valores típicos do capitalismo, pois o desperdício de tempo equivalia a desperdício de forças". Conseqüentemente, o descanso substitui o momento do ócio como o "mais legitimo dos prazeres".

Nos colégios, a higiene atacou o antigo costume de castigos e repressões físicas. Para os higienistas, a moralidade escolar deveria proibir qualquer tipo de castigo físico e corporal e pautar-se pelo "modelo de regulação disciplinar, baseado em técnicas de persuasão moral":

> No entanto, esta maquinaria de ortopedia moral não agia cegamente. A criança moralizada no colégio era necessária à engrenagem social. A meta de todo esse arsenal moralizador era a criação, nos educandos, de uma ética compatível com as mudanças econômicas. Pelo menos dois aspectos desta ética são visíveis nas prescrições higiênicas: a aceitação do valor do trabalho e o respeito à propriedade privada. (Costa, 1999, p.201)

A "nova moral", incutida nas crianças para produzir o novo modelo de adulto, baseou-se na ética industrial capitalista que aportou no Brasil com D. João VI. A ética burguesa de valorização do trabalho para a acumulação de bens e propriedade se opôs aos antigos valores nobiliárquicos de acumulação de riquezas pelo privilégio.

Além disso, e também refletindo as mesmas exigências dos problemas surgidos em decorrência da urbanização e do capitalismo, no século XIX, a preocupação com a infância foi paulatinamente aumentando. O Código Criminal do Império, de 1830, definiu, com respeito à responsabilidade penal, três períodos de idade antes dos 21 anos: os menores de 14 anos não tinham responsabilidade penal;[2] aos maiores de 14 e menores de 17 podia ser aplicada pena de cumplicidade, de acordo com o entendimento do juiz; e, finalmente, o limite de 21 anos para imposição de penas drásticas como as galés. O código admitiu também que, em caso de necessidade, fossem recolhidos os menores de 14 anos em casas de correção a critério do juiz, até os 17 anos. Mas as casas de correção só começaram a surgir no fim do século, o que levou essas crianças a ficarem reclusas em prisão comum.

Esse critério adotado pelo novo Código mostra a influência médica e higiênica na concepção moral das crianças. Já o Código Criminal da República, aprovado em 1890, portanto no fim do século XIX, estabeleceu em nove anos o limite mínimo da imputabilidade do agente do crime, devendo os maiores de nove anos e menores de

---

2 O que para o escravo só começa a valer a partir de 1885.

14 ficarem submetidos a um regime educativo e disciplinar. Nesse período, a expressão "menor" já fazia parte do vocabulário judicial:

> Esse interesse pela menoridade por parte dos juristas coincide também com a introdução da puericultura por parte dos médicos e com a importância que já desde o século XIX vinha cobrando a educação dos jovens. Acreditamos que esse querer saber sobre a criança, esse querer tratar adequadamente dela, evidenciou-se com força como subproduto do prestígio que adquiriram entre os setores ilustrados das classes dominantes as ciências chamadas positivas e o desejo de copiar a europeus e americanos como forma de participar dos avanços do progresso ocidental. (Londoño in Priori, 1998, p.129)

O incremento das relações capitalistas no Brasil, com a intensificação das relações com o mercado mundial, suscitou mudanças na ordem legal, levando os juristas a procurar modelos nas legislações européias e dos Estados Unidos:

> Dois pontos interessavam aos juristas: as instituições existentes para recluir e disciplinar as crianças infratoras ou abandonadas e o estabelecimento e funções dos tribunais da criança. As primeiras instituições especificamente criadas para atender aos chamados menores criminosos surgiram nos Estados Unidos a partir de 1825 [...] Ficam marcadas pelo princípio de regenerar através de uma disciplina rigorosa que vigorava nas instituições de internamento no século XIX, além de adotar o trabalho físico e manual como elemento reabilitador, educador, disciplinador e formador das crianças infratoras abandonadas. (Londoño in Priori, 1998, p.133)

Dessa forma, como uma prática que se verifica até os dias de hoje, os modelos (políticos, econômicos e, como nesse caso, jurídico) dos países desenvolvidos são implantados no Brasil sem se levar em conta as peculiaridades existentes. Vê-se que o Brasil, um país basicamente agrícola, foi buscar seu modelo de instituição correcional nos países industrializados. Como descreveu Londoño (in Priori, 1998) a preocupação dessas instituições na Europa e nos Estados Unidos foi formar mão-de-obra disciplinada para a indústria. Nesses países, a estratégia disciplinar e de vigilância já se encontrava implantada havia longo tempo. Conforme descreve Londoño (in Priori, 1998, p.133), nos Estados Unidos:

> Nasceram pois as colônias agrícolas e as escolas industriais onde eram colocadas as crianças para serem transformadas em cidadãos úteis à sociedade. A escola, a fábrica e a prisão misturam-se num único espaço e numa disciplina que regula toda a vida da criança em torno do trabalho regenerador.

Apesar de todas essas discussões, o primeiro Código de Menores só foi instituído no Brasil em 1927. Durante esse período foram criadas por decreto algumas instituições correcionais, mas de modo geral as crianças e adolescentes abandonados ou infratores eram encaminhados para prisão comum. O debate acirrou-se e a prevenção por meio da assistência foi apresentada, nas palavras de Londoño (in Priori, 1998, p.142), "como estratégia mais racional e eficaz do que a simples repressão":

> Assim, a questão da criança abandonada, vadia e infratora, pelo menos no plano da lei, deixou de ser uma questão de polícia e passou a ser uma questão de assistência e proteção [...] A atenção à criança passou a ser proposta como serviço especializado, diferenciado, com objetivos específicos. Isso significava a participação de saberes como os do higienista, que deveria cuidar de sua saúde, nutrição e higiene; os do educador, que deveria cuidar de disciplinar, instruir, tornando o menor apto para se reintegrar à sociedade; e os do jurista, que devia conseguir que a lei garantisse essa proteção e essa assistência.

Com a idéia da junção entre a assistência social, a educação e a Justiça, implantou-se no Brasil a estratégia de vigilância desenvolvida na Europa, tendo como pressuposto básico a educação. Vê-se que a implantação dessa estratégia no Brasil se deu de forma gradual até o surgimento do Estatuto da Criança e do Adolescente, onde essa estratégia encontrou amparo legal. A preservação da ordem social para assegurar a implantação do modelo capitalista dependente e excludente passou efetivamente pelo controle social e a criança foi a escolhida como o alvo principal dessa estratégia.

O processo judicial de normalização: *o olho do poder*

Nesse ponto, é conveniente apresentar uma definição precisa sobre o que se compreende por *"processo judicial de normalização"*. É por meio desse processo que o Judiciário, por seus pedagogos, invade a intimidade e a privacidade do adolescente infrator e de sua família, devassando e vigiando tudo e a todos. Os pedagogos judiciais a que se refere são: psicólogos, assistentes sociais, educadores e, eventualmente, médicos. São assim chamados, pois utilizam-se do caráter educativo das medidas aplicadas à família ou ao indivíduo infrator como forma de promover mudança comportamental, mediante dispositivos que não são propriamente da lei, mas baseados na norma. Como já foi dito, a norma visa prioritariamente à prevenção, à regulação, conseqüentemente à normalização do comportamento.

No Brasil, a estratégia de controle dos adolescentes infratores tem no Estatuto da Criança e do Adolescente um apoio estratégico. Se, por um lado, esse documento representa um avanço em relação ao antigo Código de Menores, pois, em suas linhas gerais, determina uma política de atendimento que respeite os direitos das crianças e adolescentes, acatando os princípios da Convenção Internacional Sobre os Direitos da Criança de 1989, que tem como base a elaboração de instrumentos eficazes na defesa e promoção dos direitos humanos; por outro lado, o Estatuto, aprovado no Brasil em 1990,[3] mantém o controle e a vigilância como princípios norteadores de sua estratégia:

> b. As medidas socioeducativas comportam aspectos de natureza coercitiva, uma vez que são punitivas aos infratores, e aspectos educativos no sentido de proteção integral e oportunização, e do acesso à formação e informação. Sendo que em cada medida esses elementos apresentam graduação de acordo com a gravidade do delito cometido e/ou sua reiteração. (Volpi, 1997, p.20)

Vê-se, nessa estratégia de controle social, a medida socioeducativa de liberdade assistida, artigo 119 do ECA, como o principal veí-

---

3 Lei Federal n.8.069, de 13 de julho de 1990.

culo de vigilância e difusão das normas, pela sua perspectiva de acompanhamento personalizado. A liberdade assistida é a medida destinada ao adolescente infrator quando se verifica, de acordo com a gravidade de sua conduta ou com as reincidências infracionais, a necessidade de acompanhamento da vida social.

Diferentemente da aplicação da lei penal, o que se aplica aos adolescentes infratores é um conjunto de práticas de normalização cujo objetivo é a produção do normal. O normal passa a ser um critério complexo de discernimento sobre o "delinquente".[4] Está baseado num saber, pois é definido por critérios e objetivos, à medida que constitui os princípios de regulação da conduta segundo os quais funcionam as práticas sociais de disciplina.[5] Portanto, a produção do normal é uma prática pedagógica que está inserida nos aparelhos disciplinares, incluindo a família. Assim, as medidas socioeducativas têm o papel de distribuição de normas e reencaminhamento do adolescente infrator aos aparelhos destinados a esse fim.

Desse modo, os pedagogos judiciais são os responsáveis pela aplicação ou operacionalização das medidas socioeducativas, aplicadas ao adolescente cuja conduta é descrita como crime pelo Código Penal. Encontra-se subjacente a essa ação uma forma velada de controle coercitivo de comportamento, tendo como princípio básico a normalização dos indivíduos envolvidos no processo. A produção do sujeito obediente é sustentada pelo suporte educativo e pedagógico dessas práticas. Assim, efetua-se sob o manto democrático e educativo do Estatuto da Criança e do Adolescente uma sociabilidade autoritária baseada na sujeição às normas como única forma de o adolescente se livrar da vigilância judicial.

É importante, antes de prosseguir, definirmos claramente o que se compreende por "indivíduo normalizado". A melhor definição desse indivíduo é descrita por Costa (1999, p.200-1), como:

---

4 Também o louco, a criança, o criminoso etc.
5 Num texto de inspiração foucaultiana, Jorge Larossa (1984, p.76) comenta a distinção entre a norma e a lei. O texto mostra como a pessoa humana se fabrica no interior de certos aparatos pedagógicos.

O indivíduo moralmente apto a conviver neste sistema é aquele que se regule: em primeiro lugar pelo hábito criado na mecânica dos gestos e condutas; em segundo lugar, pela culpa, pelo sentimento de desvio moral com relação ao social; em terceiro lugar, pelo julgamento de seus pares e iguais. O primeiro sistema de regulação cria a consciência de que todos os predicados sentimentais, físicos e sociais são ahistóricos. O adulto domesticado por essa técnica não consegue imaginar que sua vida e seu modo de ser foram socialmente produzidos com fins político-econômicos precisos [...] O indivíduo assim formado tende a reagir, diante de qualquer reação afetiva ou comportamental discordante do seu meio, com uma extrema sensação de desconforto e aflição. Qualquer dissintonia experimentada com relação aos valores socialmente canonizados é, em princípio, culpa sua.

Pode-se dizer, após essa brilhante síntese, que a normalização produz o indivíduo "útil e dócil, integrado à ordem política e econômica, e cujo tempo de vida se transformou em força de trabalho".[6] O sujeito normalizado, e ideal ao sistema, é o autodisciplinado que, mesmo estando em situações que normalmente o levariam à violência e, conseqüentemente, à infração, é impedido pela interiorização de freio moral que impossibilita comportamentos desviantes.

Para compreendermos exatamente o significado que o termo normalização possui neste trabalho, faz-se mister um maior aprofundamento teórico que possibilite definir de forma cabal qual é o efeito comportamental pretendido pelos pedagogos judiciais. Como foi dito anteriormente, as práticas judiciais, e no caso específico o controle da criminalidade juvenil, surgem num momento e contexto histórico específico, por meio de uma estratégia de controle e vigilância que busca engendrar o comportamento padronizado e dócil, chamado normalizado. Para isso, constituiu-se um conjunto de práticas e saberes que institui e distribui normas, valores e práticas reguladoras do social.

---

6 Segundo Foucault (1987), o indivíduo disciplinado é aquele que está integrado ao aparelho produtivo, pois seu tempo de vida foi transformado em força de trabalho.

Serão usadas, como arcabouço teórico, as idéias sobre o poder disciplinar de Michel Foucault, cujos pressupostos permitem a compreensão das práticas judiciais e permitirão mais adiante promover um diálogo com as fontes. Por meio da análise histórica do que ele chama de "pequenos poderes", presentes e atuantes na sociedade ocidental, ele distinguiu os agentes responsáveis pela criação dos padrões de comportamento social em "legais e normativos". Segundo ele, "no século XIX houve uma invasão progressiva do espaço da lei pela tecnologia da norma. Buscando a prevenção e a regulação do comportamento social, a norma emprega um mecanismo de sujeição próprio que trabalha à margem da lei, mas que tem por finalidade adaptar os indivíduos à ordem do poder".

A norma, pelo contrário, tem seu fundamento histórico-político nos Estados modernos do século XVIII e XIX, e sua compreensão teórica explicitada pela noção de "dispositivo". Os dispositivos são formados pelos conjuntos de práticas discursivas e não discursivas que agem, à margem da lei, contra ou a favor delas, mas de qualquer modo empregando uma tecnologia de sujeição própria [...] O Estado moderno procurou implantar seus interesses servindo-se, predominantemente, dos equipamentos de normalização, que são sempre inventados para solucionar urgências políticas. (Costa, 1999, p.50-1)

Essa abordagem teórica nos possibilitará compreender que as práticas judiciais possuem uma estratégia que diverge da função educativa preconizada pelo ECA, como forma de proporcionar ao infrator condições para estabelecer um novo projeto de vida e de ações responsáveis inerentes ao cidadão integrado socialmente.[7] A

---

[7] Em Lobrot (1977, p.29) encontramos uma restrição importante com relação ao valor educativo da administração humana autoritária: "O efeito obtido é então exatamente o inverso do que seria desejável para assegurar o bom funcionamento social: esterilizam-se de um só golpe a inventividade e o espírito empreendedor por um lado, o gosto pelo trabalho e pela atividade produtiva por outro. Portanto, o recurso à autoridade é antifuncional, contrariamente ao que é afirmado pela maioria dos pensadores contemporâneos".

abordagem foucaultiana nos permite olhar sobre o véu do movimento democrático e de progresso humanitário que cercou todo o movimento de implantação do Estatuto e compreender que, na prática, há uma lógica dissimulada de regulação social coercitiva.[8] Surge diante de nossos olhos uma estratégia de monitoramento desses adolescentes que tem como único objetivo vigiá-los e provocá-los a internalizar normas a fim de produzir comportamentos resignados.

Foucault e a normalização

Segundo Foucault (1987), em todos os aparelhos disciplinares (escola, exército, fábrica) "funciona um pequeno mecanismo penal", reprimindo todos os comportamentos, até mesmo os aparentemente desprezíveis. Ou seja, nesses aparelhos são penalizáveis as condutas que não estejam dentro das normas. Atrasos, grosserias, sujeira, gestos não-conformes, tagarelice, imodéstias são apenas alguns exemplos de atitudes passíveis de punições que vão do castigo físico leve a privações ligeiras e pequenas humilhações. Levando-se ao extremo, devem-se punir as mínimas coisas. A disciplina traz consigo uma maneira específica de punir, sendo um modelo reduzido do tribunal. O poder disciplinar penaliza tudo que está inadequado à regra, tudo que se afasta dela; enfim, os mínimos desvios. Tem como função reduzir esses desvios, sendo essencialmente corretivo, privilegiando as punições da ordem dos exercícios. Nessa perspectiva, o aprendizado é intensificado, multiplicado e repetido. Dessa forma, a mecânica do castigo disciplinar está na repetição e no exercício; como diz Foucault: "castigar é exercitar". Ela possui um sistema duplo: "gratificação-sanção", que se torna operante no processo de treinamento e de correção. Todo comportamento se insere no campo da dicotomia do bem e do mal, do bom e do ruim, e, ao sancionar

---

8 Não deixamos de compreender que o ECA trouxe aos adolescentes infratores e seus familiares vantagens no tratamento em relação ao antigo Código de Menores. O que pretendemos neste trabalho é analisar e desvendar a estratégia de ação que o Poder Judiciário tem para seus infratores.

os atos com exatidão, avalia os indivíduos. Essa divisão tem um duplo papel: o primeiro é de marcar os desvios, hierarquizar as qualidades, as competências e as aptidões; o segundo é de castigar e recompensar. A recompensa se dá pelo jogo das promoções que permite hierarquias e lugares e a punição, rebaixando e degradando:

> Em suma, a arte de punir, no regime do poder disciplinar, não visa nem a expiação, nem mesmo exatamente a repressão. Põe em funcionamento cinco operações bem distintas: relacionar os atos, os desempenhos, os comportamentos singulares a um conjunto, que é ao mesmo tempo campo de comparação, espaço de diferenciação e princípio da regra a seguir. Diferenciar os indivíduos em relação uns aos outros e em função dessa regra de conjunto – que se deve fazer funcionar como base mínima, como média a respeitar ou como o ótimo de que se deve chegar perto. Medir em termos quantitativos e hierarquizar em termos de valores e capacidades, o nível, a "natureza" dos indivíduos [...] Enfim traçar o limite que definirá a diferença em relação a todas as diferenças, a fronteira externa do anormal [...] A penalidade perpétua que atravessa todos os pontos e controla todos os instantes das instituições disciplinares compara, diferencia, hierarquiza, homogeneíza, exclui. Em uma palavra, ela normaliza. (Foucault, 1987, p.163)

No regime disciplinar, a repressão visível é substituída pela busca de uma conformidade que delimite a normalidade. Ela se expressa numa penalidade perpétua que controla todos os instantes da vida do indivíduo. Diferentemente da penalidade judiciária, o regime disciplinar produz a penalidade da norma, por meio da criação de uma nova estratégia que faz funcionar os mecanismos de sanção normalizadora. Assim, o "normal se estabelece quando se medem os desvios, determinando os lugares, fixando as especialidades e tornando úteis as diferenças". O poder da norma funciona dentro de uma igualdade formal, produzindo na homogeneidade, que é a regra, toda a gradação das diferenças individuais.

Como forma de estabelecer os limites da "normalidade", o exame é uma peça fundamental na organização dos aparelhos disciplinares, combinando técnicas da hierarquia que vigia e as da sanção que normaliza. Foucault (1987) nos diz que o exame é um controle normalizante, uma vigilância que permite qualificar, classificar e punir, estabelecendo sobre os indivíduos uma visibilidade por meio da qual eles são diferenciados e sancionados.

A instituição destinada a crianças e adolescentes que exemplifica essa técnica de forma mais cabal é a escola. Pelo seu desenvolvimento, tornou-se uma espécie de aparelho de exame ininterrupto que acompanha em todo o seu cumprimento a operação de ensino. Para o autor, a escola faz parte do que ele chama de "rede institucional de seqüestro", que caracteriza como "instituições-pedagógicas, médicas, penais ou industriais"; são instituições encarregadas de toda a dimensão temporal dos indivíduos, ou de quase todo o seu tempo de vida. Essa técnica é característica da sociedade industrial, pois tem como função a transformação do tempo dos homens em tempo de trabalho. Nessas instituições, o tempo das pessoas se encontra controlado. A segunda função dessas instituições é a de controlar o corpo dos indivíduos. Dessa forma, a escola não serve apenas para ensinar, sua função ultrapassa sua finalidade aparentemente específica e precisa: ela deve controlar e formar o corpo do indivíduo, transformando-o em corpo de trabalho. Há também uma terceira função nessas instituições, que é um Poder Judiciário:

> Nestas instituições, não apenas se dão ordens, se tomam decisões, não somente se garantem funções como a produção, a aprendizagem, etc., mas também se tem o direito de punir e recompensar, se tem o poder de fazer comparecer diante de instâncias de julgamento. Esse micropoder que funciona no interior destas instituições é ao mesmo tempo um poder judiciário [...] O sistema escolar é também inteiramente baseado em uma espécie de poder judiciário. A todo momento se pune e se recompensa, se avalia, se classifica, se diz quem é o melhor, quem é o pior. Poder judiciário que por conseguinte duplica, de maneira bastante arbitrária, se não se considera sua função geral, o modelo do poder judiciário. (Foucault, 1999, p.120)

Todo esse sistema disciplinar, como técnica de extração e produção de saberes, utiliza como dispositivo básico o exame. O exame permite ao professor, ao mesmo tempo que transmite o seu saber, levantar um campo de conhecimentos sobre seus alunos. Propicia a visibilidade dos indivíduos, tornando-os sujeitos de controle efetivo e constante. Situa os indivíduos numa rede de anotações individuais e escritas, por meio de um registro rigoroso de seus traços comuns, permitindo a formação dos códigos da individualidade. O exame combina as técnicas da hierarquia que vigia e as da sanção que normaliza, definindo-o como "observação hierárquica" e "julgamento normalizador". Desse modo, é um controle normalizante, que permite "qualificar, classificar, vigiar e punir". Propicia a "homogeneização dos traços individuais estabelecendo os limites da normalidade". O sistema de escrita, ou seja, os relatórios que geralmente acompanham o exame, torna o indivíduo um objeto descritível e analisável, permitindo acompanhar sua evolução particular, seus avanços e recuos, seus sinais particulares. No caso específico da escola, por meio do exame ela pode controlar individualmente seus alunos não apenas pedagogicamente, pela verificação de sua aprendizagem, mas principalmente no seu aspecto político, por meio de uma interiorização do sentimento da vigilância perpétua e da introjeção da dominação, proporcionando uma ilusão de liberdade e de autonomia.

Pode-se dizer que, no regime disciplinar, característico das sociedades industriais, a individualização é descendente, ou seja, aqueles sobre os quais se exerce esse poder são mais individualizados. A criança é mais individualizada que o adulto, o delinquente mais que o normal etc. Assim, esses aparelhos disciplinares possuem intrinsecamente a finalidade de regulação e controle.

Como se pode perceber, na sua análise o poder deixou de ser "exterior aos sujeitos para fazer-se interior ao próprio processo de aprendizagem". Na sociedade disciplinar, tendem a desaparecer as penalizações exteriores e ganham ênfase o controle e a vigilância. Essa estratégia nos faz objetos desse poder que, de forma silenciosa e anônima, nos manipula, regula, molda e controla, tornando os indivíduos incapazes de resistir e refletir sobre essa dominação.

A normalização como controle judicial

Pela análise do poder e das estratégias de organização social feita por Foucault (1987), pode-se chegar a duas conclusões que permitem melhor visualizar o trabalho judicial.

A primeira é que, nas sociedades de regime disciplinar, a exemplo da brasileira, a manutenção da ordem social passa efetivamente pelos indivíduos normalizados, ou seja, aqueles que passaram pelos aparelhos disciplinares e possuem um comportamento autocontrolado. Esses aparelhos são indispensáveis para a organização social, pois produzem o tipo ideal de indivíduo adaptado ao regime da sociedade industrial e que se encontra domesticado para que a exploração capitalista se efetue. Dessa forma, a escola e a família ocupam uma posição estratégica na ação normalizadora das crianças e dos adolescentes. Assim, como forma de controle e vigilância, torna-se indispensável que todos os indivíduos passem pelos aparelhos disciplinares como forma de receber as normas sociais e a vigilância constante.

A escola, como já foi dito, encontra-se situada dentro desse campo das disciplinas e tem um papel fundamental na construção do indivíduo integrado à sociedade capitalista contemporânea. A "sociedade disciplinar" a que Foucault se referiu está baseada numa estrutura de vigilância em que os aparelhos disciplinares, e entre eles a escola, ocupam um lugar de destaque. São dispositivos que tornam as pessoas visíveis e seus comportamentos previsíveis, afastando o perigo da aleatoriedade. A visibilidade constante é indispensável para a eficácia do controle, permitindo a canalização dos indivíduos para uma vida útil e dócil. Nesse contexto, é imprescindível ao sistema que todas as pessoas passem pela escola, como forma de serem classificadas, examinadas e vigiadas. Essa "instituição de seqüestro" permite o controle em massa da população, mediante a identificação das anormalidades e a submissão ao "olhar normalizado do professor".[9]

---

[9] Não pretendemos aqui discutir as formas de resistência a esse sistema de poder, desenhado por Foucault, pois extrapolaria a intenção deste trabalho.

A família é outra instituição importante na sociedade disciplinar, sendo o primeiro aparelho normalizador em ação na vida do indivíduo, e que irá acompanhá-lo durante toda a infância e a adolescência. Conforme Donzelot (1986), num momento histórico preciso, o Estado inicia um processo de intervenção normativa, em nome da saúde física e moral das famílias. Essa intervenção na família burguesa foi executada por meio da medicina doméstica. Essa, no interior da burguesia, reorganizava as famílias em torno da conservação e educação das crianças. Para as famílias pobres, o plano foi executado por meio de campanhas de moralização e higiene da coletividade. A filantropia, a assistência social e a medicina concertam-se para manobrar os laços de solidariedade familiar e usá-los, quando preciso, na represália aos indivíduos insubordinados e insatisfeitos. Essas intervenções permitiam a proliferação e a liberação de uma mão-de-obra politicamente dócil para o livre jogo do mercado de trabalho. Surge o modelo de família moderna: nuclear, higiênica e privativa. A norma desenvolveu-se na família, como forma de compensar as falhas da lei. A família integra uma série de medidas normalizadoras que buscam organizar a sociedade.[10] Instituir comportamentos obedientes, hábitos moralizados e costumes regrados é o seu principal papel. Para isso, a habitação tem uma função estratégica.

A casa higiênica é aquela que propicia o "intimismo" familiar (Costa, 1999, p.110), onde a família, confinada em sua residência, propicia uma melhor vigilância de seus filhos ou membros. A sua arquitetura deve facilitar a vigilância de cada membro da família, onde o espaço individualizado propicie uma intimidade constante, tendo os pais uma posição de controle total do seu interior. Cada indivíduo deve manter sua individualidade, possuindo seu quarto, seus pertences, que devem estar separados e devidamente higienizados, e com cômodos claros e ventilados, purificados dos vícios do mundo. A moral higiênica e educacional dos filhos deve ser a finalidade última de todas as famílias. Essa moral higiênica permitiu que o médico

---

10 Jurandir Freire Costa (1999) mostra como a família higiênica e normalizada se impôs no Brasil.

se transformasse no seu principal aliado. É pelo nome da preservação das crianças que a família deve pautar toda a sua vida. Todos os atos de seus filhos devem ser fiscalizados e regulados, desde o que eles vestem, comem, falam, e, principalmente, evitando os desvios morais, de tal modo que nada passe despercebido.

Os pais, fiscais da higiene, devem regular e controlar o comportamento de seus filhos, tendo como pressupostos sua saúde e educação. O cumprimento dessas normas e a observância dos pressupostos da vigilância e do controle de seus filhos dão origem ao modelo ideal de família, conhecido por *família higiênica*. Enclausurada em sua intimidade, fechada contra as influências externas, a pressão moral sobre seus membros, uns sobre os outros, organiza seus vínculos externos em nome da preservação. A família higiênica é o local exclusivo de proteção e cuidados da infância e se apresenta como primeiro aparelho de vigilância e controle do comportamento do indivíduo. A criança higienizada, vigiada e disciplinada tem todas as possibilidades de tornar-se um adulto higiênico, autocontrolado e subserviente.

Se a manutenção da ordem passa efetivamente pelos indivíduos normalizados e se existem aparelhos próprios para esse fim, a segunda conclusão a que se pode chegar é a de que todos os indivíduos devem estar permanentemente incluídos nesses aparelhos. Esses aparelhos são extensivos ao Judiciário, pois, como afirma Foucault (1987), "funciona dentro deles um poder punitivo que se estabelece como um pequeno tribunal, atuando permanentemente, punindo e recompensando todos os comportamentos". A vigilância social, seu enquadramento hierarquizado, a ordem social dependem do pleno funcionamento desses aparelhos e da garantia de que a vida dos indivíduos estará permeada por eles. São eles que, pela vigilância constante, constroem o grupo e a coletividade. Atraem para si todos os indivíduos, fixando-os em lugares determinados e possibilitando ao poder uma visibilidade constante e o controle ininterrupto de seus corpos, efetivado por meio do exame. No interior deles, os indivíduos são examinados e submetidos ao olhar minucioso do poder, por procedimentos pouco perceptíveis, difíceis de se notar, que atuam por pequenas técnicas, quase invisíveis, sempre dissimuladas e diluídas em ações que aparentemente possuem caráter terapêutico.

Em suma, pode-se dizer que, se esses aparelhos são indispensáveis na manutenção da ordem social e do controle efetivo sobre o comportamento dos indivíduos, e se todos os indivíduos devem estar permanentemente neles incluídos,[11] todas as crianças e adolescentes devem ser conduzidas para o interior desses aparelhos, como forma de formação de seu caráter e de reeducação social. Se a melhor forma de controle é a vigilância e a interiorização das normas, tornando os indivíduos capazes de julgar-se e governar-se a si mesmos, comportando-se como sujeitos dóceis e obedientes, ou seja, a prevenção e a educação em vez da punição e da repressão, a atuação do Poder Judiciário em relação às crianças e adolescentes em confronto com a lei deve se dar não no âmbito da lei, mas pelos dispositivos reguladores baseados na norma.

No caso dos loucos, como no da família, a norma desenvolveu-se para compensar as falhas da lei. No primeiro caso, o agente da infração não podia ser punido porque era irresponsável; no segundo, o contrato social não previa e não podia incluir a conduta infratora na categoria do crime. Por razões desta ordem, a normalização tornou-se indispensável ao funcionamento do Estado e tendeu a crescer e estabilizar-se num campo próprio de poder e saber, o do "desvio", da "anormalidade". (Costa, 1999, p.52)

Dessa forma, a principal estratégia de ação judicial para com as crianças, adolescentes e atos infracionais é legitimar os dispositivos de aplicação das normas. Entende-se que, se a estratégia de controle social se dá por meio da normalização do comportamento, pelos aparelhos disciplinares, o Judiciário tem a função de dar o apoio necessário ao exame desses indivíduos, executado pelos pedagogos judiciais. Portanto, ele "ratifica o trabalho desses pedagogos na distribuição de normas, fornecendo-lhes garantia e força coercitiva necessária para a execução de seu trabalho" (Donzelot, 1986, p.105).

---

11 Sejam eles escola, exército, oficina ou a família, pois estamos tratando de instituições distribuidoras de normas e vigilância.

Conforme se verifica, por suas práticas com adolescentes infratores, o Judiciário, após cercar o corpo delituoso, inicia um exame detalhado de sua vida, buscando localizar as possíveis falhas nos aparelhos disciplinares a que o adolescente está ou deveria estar submetido. Nesse caso, a família torna-se objeto de exame, como forma de verificar se sua organização está propiciando vigilância suficiente. Como já foi dito anteriormente, a família deve proceder à vigilância constante de seus filhos e fornecer-lhe normas de comportamento e sujeição. Com a autoridade conferida pelo Poder Judiciário, os pedagogos forenses penetram na intimidade familiar[12] e a examinam detalhadamente. A coerção da invasão é diluída em nome da saúde e da conservação das crianças e adolescentes; dessa forma, sua violência é ocultada pelo caráter terapêutico de suas práticas. A família é "colonizada" (Donzelot, 1986, p.97) e tutelada pelo Judiciário. Desse momento em diante, o poder paterno é confiscado e sua função simbólica é substituída pelos pedagogos judiciais, que procederão a avaliações buscando localizar suas falhas e desvios.

O objetivo dessa intervenção é fazer funcionar a instância familiar e prepará-la para produzir o indivíduo normalizado e o adulto dócil. Para isso, nada pode ser negligenciado. Os pedagogos, agentes sistemáticos dessa intervenção, se preocupam principalmente com a vacuidade que a vigilância da criança possa estar apresentando, e procuram reorganizar a família, tendo seus inconvenientes e sua violência diluídos no tema da saúde e da educação, para transformá-la na instância distribuidora de normas e de vigilância, cujo modelo foi delineado no capítulo precedente. A família que não vigiou seus membros passa a ser vigiada, e só será liberada da tutela judicial quando demonstrar aos pedagogos que pode fazê-lo sem o seu auxílio. Para isso, a avaliação deve ser constante e os pedagogos, detentores do saber normalizante, elaboram minucioso estudo, permitindo ao olho do poder, cuja perscrutação é permitida pelo caráter terapêutico da invasão, vasculhar toda a intimidade familiar, numa incursão ilimitada, onde todos os detalhes são registrados, e avaliar

---

12 Seja quando detectada uma criança de risco ou adolescente infrator.

as fissuras causadoras do desvio de sua finalidade. É necessário que a família "desestruturada", aquela que não possui os padrões da família higienizada e, conseqüentemente, não organiza a vigilância necessária sobre seus membros, seja reestruturada para receber novamente sua liberdade sob o *status* de aparelho normalizador.

Por essas práticas judiciais, fica claro que a prisão constitui, para os adolescentes infratores, uma exceção, pois é em liberdade que o sistema organiza a ação pedagógica normalizante. Como foi dito, o corpo delituoso é cercado pelas instâncias normalizantes e, juntamente com suas famílias, passa a ser administrado. A pena de "liberdade assistida" tem a função de cercar o adolescente e sua família, submetendo-os a avaliações constantes. Essa vigilância constante busca reconduzi-lo para espaços de maior vigilância, como a família, a escola e o trabalho. Nesse caso, os pedagogos têm como missão a reestruturação familiar para superar a tutela a que ela foi submetida, removendo a vacuidade existente na vigilância. Vê-se, então, que esse período de exame pelo qual o adolescente passa tem como intenção a sua recondução a espaços de maior vigilância. Os pedagogos forenses testam os adolescentes nos aparelhos disciplinares, acompanham e avaliam o processo de adaptação e a evolução de seu comportamento. Aos adolescentes refratários à normalização ou que se mostram inadaptáveis ao sistema, cujo exame efetuado pelos pedagogos tem a função de detectar, resta a pena restritiva de liberdade, que pode ser traduzida pelo nome de Febem. Caso os pedagogos percebam que mesmo mantendo comportamento desviante o adolescente não representa perigo imediato ao sistema, bastará ser "escoltado", até a idade adulta, quando será entregue, sem surpresa, ao mundo da criminalidade e da repressão policial.

É interessante perceber que a suposta ação educativa e terapêutica, em que a socialização autoritária é dissimulada na preservação da saúde e da moral das crianças, permite que a normalização se dê antes mesmo da ação policial. Assim, no momento em que a criança sofre qualquer descuido educativo ou higiênico, que venha a significar um relaxamento na sua vigilância, não é necessário investigação policial para que seja acionada a instância judicial, mas qualquer delação[13] pode detonar o processo. Dessa maneira, vê-se claramente como a preservação da moral, da segurança, da saúde e da educação das crianças permite uma vigilância das famílias e, conseqüentemente, de todo o corpo social.

É perscrutando os processos judiciais que se pode avaliar a profundidade dessa vigilância na intimidade familiar. O comportamento dos membros da família demonstra se as normas sociais estão sendo observadas. Mediante a observação de um delito ocasional de um adolescente, ou de problemas de saúde de uma criança, por suposta negligência, assinalada por qualquer pessoa ou especialista,[14] por insuficiência de cuidados, desencadeia-se um processo de controle do qual a família ou o adolescente só se libertarão após uma sujeição definitiva às normas. Sob acompanhamento dos pedagogos, o processo de reestruturação familiar, com sua progressiva adesão às normas, vai sendo acompanhado e registrado. Somente após ser atestada a reestruturação familiar, o que significa organizar-se para impor padrões disciplinares a seus membros, é que a tutela judicial vai, paulatinamente, recuando e deixando em seu lugar o aparelho disciplinar familiar.

Como a família, os pedagogos acompanham o adolescente infrator no processo de exame. O saber normalizante desses pedagogos tem como função reorganizar a vida do adolescente infrator, retirando-o do anonimato e inserindo-o em lugares visíveis, individualizados e hierarquizados. Sua vida é gerida e seu comportamento vai sendo testado após sua inclusão nos aparelhos disciplinares. Cabe a esses pedagogos registrarem sua freqüência à escola, sua permanência no interior do lar, suas escapadelas, seus eventuais trabalhos; enfim, tudo o que possa demonstrar sua mudança de comportamento e sua gradual sujeição às normas. O importante para o Judiciário é que, durante o período em que o adolescente e sua família se encontram tutelados, ele demonstre uma reorientação irreversível ao comportamento normalizado.

---

13 Seja de vizinhos, parentes ou dos próprios técnicos judiciais quando tomam conhecimento da existência de uma criança de risco.
14 Profissionais da saúde ou da educação.

De uma maneira ou de outra, ou seja, caso o indivíduo não normalize seu comportamento, o mais importante é que o Judiciário já identificou o sujeito que tem potencial para se tornar um criminoso e passar do ato infracional para os processos criminais. Desse modo, elimina-se a surpresa. O Judiciário já tem registrado praticamente todos os eventuais criminosos, pois já foram previamente examinados pelos pedagogos durante sua adolescência. Pelo exame a que foi submetido o indivíduo em sua adolescência, é possível verificar todos aqueles que são refratários à ação normalizadora. Após identificado como refratário à ação normalizadora, ele pode, dependendo de seu comportamento, ser remetido para uma reeducação fechada, através das internações na Febem, ou ser acompanhado e examinado pelos pedagogos até a idade adulta. De toda a forma, o Judiciário não só já conhece a criança e o adolescente "de risco" como os acompanha durante toda a sua trajetória, que vai da infância à idade adulta. Eliminada a surpresa, o Judiciário possui em seus arquivos todos os possíveis delinqüentes adultos.

Destarte, o trabalho dos pedagogos judiciais tem função importante na organização da estrutura de vigilância da sociedade moderna e na manutenção da ordem. Como vimos, a ordem social passa inevitavelmente pelos indivíduos normalizados. Para isso, os pedagogos ocupam uma função essencial no controle das camadas populares, no qual dificilmente o olho do poder poderia penetrar. Os direitos do pátrio poder, da intimidade e inviolabilidade do lar impediram qualquer medida de controle com a ostentação e a violência policial de penetrar, investigar e administrar as famílias. Pelo princípio democrático do Estado de direito, no qual o Brasil está inserido, o controle social e a vigilância devem se organizar de forma sutil e dissimulada, como defesa dos princípios democráticos e dos direitos dos cidadãos. Como parte do arcabouço ideológico da democracia burguesa, a violência exterior na ação de controle da criminalidade infantil deve ser substituída pelo gerenciamento e administração de seu comportamento.

Essa estratégia de controle comportamental se estrutura em ações baseadas na observância das normas e dilui toda a sua coerção na sutileza da ação terapêutica e educativa. Em nome da defesa da infância e de todo o perigo que a cerca, estabelece-se o controle social da criança e do adolescente. Se a principal estratégia para o controle das crianças e adolescentes tutelados é a administração e o exame, buscando sempre a prevenção, o Judiciário ocupa efetivamente um papel intermediário no sistema distribuidor de normas, pois sua principal função é legitimar e dar a coerção necessária ao trabalho dos pedagogos, filtrando os produtos negativos da estratégia de normalização. Somente o Judiciário tem o poder de legitimar e dar força coercitiva ao trabalho pedagógico, afastando a autoridade paterna e entregando-a aos pedagogos. O cerco de vigilância a que a criança ou o adolescente deveria estar submetido antes de ser tutelado é agora reorganizado. O "corpo delituoso", no caso, o adolescente infrator, quando detectado, é cercado pelas instâncias educacional, psicológica e judicial.

Condenado à medida de controle[15] corretivo ou à "assistência educativa em meio aberto" (Donzelot, 1986, p.102), ele será observado e sua vida examinada por todas essas instâncias. O adolescente tem a oportunidade de se libertar dessa vigilância tão logo consiga demonstrar aos pedagogos a correção de seu comportamento e que está reinserido nos aparelhos disciplinares. É nesse momento que, paulatinamente, o cerco a que o adolescente foi submetido começa a se desfazer, deixando que em seu lugar os aparelhos disciplinares reorganizem o cerco da vigilância e da construção do sujeito normalizado.

Sempre uma questão é colocada: mas nem sempre o adolescente corrige seu comportamento! E aí? Qual a vantagem de todo esse trabalho judicial? Pode-se dizer que ele não funcionou?

A grande vantagem é que, mesmo que o indivíduo, após ser testado em todos os aparelhos disciplinares, de ser acompanhado, vigiado e registrado pelos pedagogos, não corrija seu comportamento, ele já foi identificado pelo sistema. Estabelece-se em torno do adolescente refratário à normalização um sistema de alerta e, no momento que passa para a idade adulta, automaticamente, sai do complexo tutelar e ingressa nos registros criminais. O sistema espera que todos, ou ao menos a maioria dos criminosos adultos, tenham sua vida,

---

15 Cujo nome técnico, de acordo com o Estatuto da Criança e do Adolescente, é "liberdade assistida".

quando criança ou adolescente, vasculhada pelos pedagogos judiciais. Assim, evita-se a surpresa, o complexo judicial já tem em seu poder todas as informações que necessita para identificá-lo em caso de necessidade.

Fica claro que, tão importante quanto a normalização do comportamento, a vigilância é uma estratégia sempre presente na ação dos pedagogos. Não se pode dizer que é um subproduto das práticas judiciais, mas parte integrante de sua estratégia de administração dos adolescentes em conflito com a lei. Essa invasão da intimidade do indivíduo e de sua família se dá por meio de uma violência sutil que não deixa marcas visíveis, mas permite um controle incontestável e profundo da vida desses adolescentes. Somente um poder, cujos controle e vigilância são legitimados pela preservação da saúde e da educação das crianças e adolescentes, ou seja, por objetivos tão nobres, teria capacidade de penetrar de forma tão profunda na observação familiar, da criança, do adolescente, de sua subjetividade, avaliando suas emoções e seus desejos. Somente o trabalho dos pedagogos, diluído todo o seu aspecto repressivo e autoritário, poderia autorizar uma invasão sem contestação na vida dessas pessoas, abrangendo todas as suas dimensões, seja social, econômica, seja psíquica.

É perscrutando os processos de atos infracionais[16] que se pode verificar exatamente como isso ocorre. Esses processos são verdadeiras investigações e exames pelos quais passam o indivíduo e sua família. Pela sua análise fica demonstrado que o Judiciário não julga efetivamente os adolescentes, mas os examina. Os atos infracionais contêm os relatórios de exames dos indivíduos enquanto são testados nos aparelhos disciplinares. Esses exames se estendem conforme a necessidade de cada caso e de sua especificidade, podendo ser encerrados quando se percebe a adesão do indivíduo ao comportamento normalizado, ou estendido até a sua idade adulta, quando se dissolve o cerco tutelar e inicia-se a vigilância policial.

---

16 De acordo com o ECA, no artigo 103, ato infracional é a conduta prevista em lei como contravenção ou crime. A responsabilidade pela conduta começa aos 12 anos.

3
A EDUCAÇÃO DISFARÇANDO A VIGILÂNCIA

À luz das teorias apresentadas, e procurando efetuar um dialogo entre as fontes e os referencias teóricos, poderemos, a partir de agora, verificar como se dá a vigilância disfarçando-se por meio da educação. É possível verificar, nos processos dos adolescentes infratores, como se efetiva pelo Poder Judiciário brasileiro a estratégia de vigilância e normalização, camuflada pelo propósito educativo. O escopo educativo e terapêutico serve como facilitador e dissimulador da investigação furtiva e profunda pela qual passam o adolescente, sua família e, de forma geral, todo o seu ambiente social.

É sempre importante frisar que não se pretende condenar os técnicos judiciais (aqui chamados de pedagogos), juízes e promotores, pois, presos no conceito de neutralidade da ciência e da justiça, executam essa estratégia com as mais nobres intenções.

A fabricação do sujeito "normal"

A descrição dos relatos dos acompanhamentos técnicos dos atos infracionais do ano de 1992, do Cartório da Infância e Juventude de Santa Cruz do Rio Pardo, estado de São Paulo, mostra, claramente, a estratégia de controle judicial dos adolescentes infratores, cuja organização e funcionamento foi verificada mediante análise histórica (França, século XVIII) efetuada por Donzelot (1986) em capítulo anterior, mas cuja forma de controle se verifica até os dias de hoje. Como foi dito no início, da mesma maneira que não se pode compreender a estrutura política dos países liberais/burgueses da atualidade sem compreender sua origem e organização teórica nos escritos de Locke, Rousseau e outros pensadores do século XVIII, também essa estratégia judicial de controle social não nasceu com o Estatuto da Criança e do Adolescente. Séculos depois, toda a estrutura social, econômica e cultural mudou, mas a estratégia principal de normalização e vigilância continua embasando as legislações de menores do mundo ocidental.

Evidencia-se, nos relatórios, que a força coercitiva da ação judicial não se baseia na lei, mas na *norma*, que age à margem da lei e emprega uma tecnologia de sujeição própria. A técnica normalizante do aparelho judicial, executada pelos pedagogos mediante um conjunto de práticas discursivas e não-discursivas, visa objetivamente prevenir, antecipando o drama policial e o perigo da delinqüência, abolindo as condutas inaceitáveis e produzindo novos sentimentos sociais:

> As práticas discursivas [...] compõem-se dos "elementos teóricos" que reforçam, no nível do conhecimento e da racionalidade, as técnicas de dominação. Estes elementos são criados a partir dos saberes disponíveis – enunciados científicos, concepções filosóficas, figuras literárias, princípios religiosos, etc. [...] – e articulados segundo as táticas e os objetivos do poder. As práticas não-discursivas são formadas pelo conjunto de instrumentos que materializam o dispositivo: técnicas físicas de controle corporal; regulamentos administrativos de controle do tempo dos indivíduos ou instituições; técnicas de organização arquitetônica dos espaços; técnicas de criação de necessidades físicas e emocionais etc. Da combinação destes discursos teóricos e destas regras de ação prática o dispositivo extrai seu poder normalizador. (Costa, 1999, p.50)

Essas técnicas buscam regular o comportamento por meio da adesão às normas; têm como objetivo adaptar o indivíduo às normas da ordem social e se expressam no acompanhamento sistemático do adolescente infrator. Suas finalidades são diminuir o espaço da vacuidade na sua vigilância, encerrando a situação de anonimato em que vive o adolescente, e a propagação do modelo ideal de família, orientando-a para a intimidade do lar e para o cultivo das normas sociais. O "processo judicial de normalização" se completa, e o aparelho judicial se afasta, quando o pedagogo justifica em seus relatórios a alteração de comportamento do adolescente infrator, que se caracteriza, conforme sintetizou Costa (1999), pela "capacidade de se auto-regular, pelo sentimento de desvio moral com relação ao social e reagindo com extremo desconforto e aflição a qualquer reação comportamental discordante de seu meio". Na família, o trabalho do processo de normalização se completa quando a mulher reassume o papel, considerado ideal nas normas sociais, de esposa-dona-de-casa-mãe-de-família, orientando-se para a intimidade do lar.

Do mesmo modo que os adolescentes, suas mães serão reeducadas para que compreendam a importância de sua "missão", para aceitarem resignadamente sua "condição natural" de guardiã e vigilante do lar e ao trabalho devotado em prol da família. Em síntese, é essa a mãe normalizada pelo trabalho pedagógico.

Já em relação ao pai da família, a norma que deve reger seu comportamento é outra. A figura do pai, de comportamento normalizado, deve ser a de mantenedor financeiro do lar, sendo o seu espaço de trabalho na esfera pública a fiscalização do comportamento dos demais membros da família. Deve prover o lar das condições necessárias para a coesão e a preservação do núcleo familiar.

Essa ação do *processo judicial de normalização* pode facilmente ser verificada nos relatórios de acompanhamentos dos processos de liberdade assistida que foram analisados. Portanto, como será possível verificar nas análises dos processos, o escopo educativo do Estatuto da Criança e do Adolescente tem por intenção camuflar a estratégia normalizante e de vigilância que o complexo pedagógico/judicial executa sobre os adolescentes infratores e sua família.

O olho do poder em ação: "relatórios de acompanhamento"

A fim de se comprovar a hipótese deste trabalho, de que o caráter educativo do Estatuto da Criança e do Adolescente mascara, dilui e dissimula a sua principal estratégia que é a de vigilância e normalização do comportamento dos adolescentes infratores e de sua família, será feita uma análise dos "relatórios de acompanhamento" dos atos infracionais do ano de 1992 do Cartório da Infância e da Juventude da Comarca de Santa Cruz do Rio Pardo, estado de São Paulo. Os relatórios encontram-se transcritos integralmente no anexo deste livro, e serão, neste capítulo, analisados com base nas teorias apresentadas.

No primeiro caso, o processo 4/93, pode-se verificar que o acompanhamento é iniciado por meio de um relatório completo da vida do adolescente. Nele está relatada toda a situação econômica e social em que vivem o adolescente infrator e sua família, até as suas relações mais íntimas e cotidianas. É importante observar o item 6 do relatório inicial, "relacionamento familiar". Nesse item, é examinado e relatado todo o relacionamento íntimo da família. A esposa *confessa* que "não se relaciona bem com o marido e que só vivem juntos em razão dos filhos". Pela resposta, pode-se verificar a capacidade de penetração dos pedagogos na privacidade do indivíduo. A força coercitiva, proporcionada pelo *saber* científico e hierárquico dos pedagogos e legitimada pelo Poder Judiciário, desarma possíveis resistências ao exame. A coerção do ato é fundada na suposta competência técnica do pedagogo sobre os indivíduos. Dessa forma, a autoridade do pedagogo, que detém o conhecimento, se impõe por meio de uma coerção esclarecida e, aparentemente, salutar.

As respostas do relatório demonstram o desenrolar do exame a que são submetidos os infratores e sua família. As questões mais íntimas são confessadas sem receio. Apenas no relatório inicial já podemos saber que o adolescente é pobre; não possui trabalho fixo; tem resfriados constantes; que mora com o cunhado, que por sua vez "não se relaciona bem" com a mulher, e solicita *permissão* para residir com a irmã. O que se percebe na entrevista realizada no relatório é que o entrevistador utiliza-se da tática descrita por Donzelot (1986) de "interrogatório separado e contraditório" e com uma "conversa que dá prazer ao interrogado e desarma seus bloqueios". No último relatório, o pedagogo dá por encerrado o acompanhamento, pois confirma a recondução do infrator ao comportamento normalizado: "Depois que o mesmo retomou os estudos e assumiu a atividade profissional com responsabilidade, os membros da família passaram a aceitá-lo e apoiá-lo. O cerne dos conflitos era a irresponsabilidade de A., e as conseqüentes críticas e cobranças por parte da família".

O caso é encerrado quando se confirma a virtual normalização do comportamento do adolescente e de sua família. Evidencia-se, no caso estudado, como essa estratégia, diluída no ideal educativo, permite um mergulho brutal na privacidade do adolescente infrator. Essa investigação seria impossível se efetuada com força repressiva policial, pois enfrentaria a resistência legal da família, apoiada no direito da liberdade individual do modelo liberal-burguês. Ao contrário, a intervenção normativa, com seu caráter educativo, aparentemente preserva os direitos individuais e executa o controle e a vigilância em nome dos "direitos do homem".

No processo 37/92, na primeira informação do pedagogo ao juiz já podemos observar a intervenção normativa se concretizando. É informada ao juiz toda a vida do adolescente, pelo qual se pode observar que: pertence a família pobre, cujo pai é "aposentado, por problemas de saúde e divide os afazeres domésticos com as filhas". O exame prossegue e avalia que, "apesar da inversão de papéis o casal vive harmoniosamente e os filhos os respeitam muito". Vê-se então que, segundo a pedagoga, foge ao comportamento *normal* o fato de o pai não estar ocupando seu espaço público no mundo do trabalho, deixando os afazeres domésticos a cargo da mãe e das filhas. Mas a conclusão do relatório é que, apesar do comportamento "anormal" do pai, não é isso que está interferindo no comportamento do infrator. Na segunda informação, como ainda não ficaram claros os motivos do comportamento desviante do infrator, acontece um exame mais profundo nas relações familiares. Na terceira e na quarta informações, a pedagoga orienta o adolescente sobre como deve ser seu comportamento, e conclui que o "jovem tem apresentado uma excelente conduta". Nos relatórios finais, o comportamento normalizado já fica evidenciado:

está preocupado com as matérias de matemática e ciências e [...] pretende procurar uma professora particular; sempre que necessário auxilia as despesas do lar e quando não, costuma depositar parte dos salários em caderneta de poupança. Não é uma pessoa acostumada a esbanjar, o que se nota inclusive pela simplicidade com que se veste [...] considerando-se todos os dados coligidos e o fato de que este jovem não mais se envolveu em atos infracionais desde dezembro de 1989, somos de parecer favorável ao arquivamento da presente sindicância. Levamos entretanto a consideração superior.

Pelo relatório final, vê-se que o exame termina com algumas considerações importantes da pedagoga. Ela informa que o adolescente não se envolve em atos infracionais desde 1989 e, portanto, presumi-se que ele esteve sob vigilância por quatro anos. O acompanhamento pode ser encerrado, pois, conforme detectou o exame, o infrator já está com seu comportamento normalizado e não representa mais perigo à ordem social. Vê-se, também, que a família, mesmo com papéis invertidos, cumpre corretamente a função de vigilância e controle de seus membros. Verificou-se que quatro anos depois do primeiro ato infracional, o infrator, apesar das dificuldades, trabalha, estuda e pretende casar-se. O comportamento normalizado promove a liberdade da família da tutela judicial.

No processo 247/93, já no primeiro relatório, a pedagoga informa que "os laços afetivos existentes entre mãe e filho estavam diluídos, não havendo qualquer preocupação em estabelecer limites ou controlar o comportamento do adolescente". O problema foi localizado pelo pedagogo de forma mais rápida e clara que nos outros casos. Credita-se o comportamento desviante do adolescente à falta de controle da família sobre ele. O trabalho pedagógico será de reorganizar o aparelho familiar de forma a instaurar a vigilância e o controle disciplinar. No estudo psicológico realizado após o primeiro relatório, a intervenção normativa fica ainda mais evidente. A psicóloga examina as relações sociais da família do adolescente e fica evidente a relação entre saber e poder: "deparou-se com uma estrutura familiar doente e caótica e modelos parentais inadequados, o que reflete atualmente os padrões de conduta que vem adotando, onde a moral é invertida". O exame prossegue informando ao aparelho judicial que o comportamento desviante do infrator ocorre, pois:

> seu funcionamento psíquico é primitivo, com baixo controle de impulsos da libido, agravando pela internalização de padrões de comportamentos inadequados. Portanto, o quadro de sintomas do adolescente (descontrole dos impulsos sexuais, agressividade, furto...) é resultado das falhas nas fases anteriores do desenvolvimento, da dinâmica familiar doente, onde a tônica foi o abandono emocional e moral e a ausência de modelos parentais adequados.

Pode-se compreender esse trecho do exame psicológico retornando à discussão teórica do Capítulo 2. Ali foi dito que, segundo Donzelot (1986), após a Primeira Guerra Mundial, o aparelho judicial sentiu a necessidade de recorrer a especialistas para a efetivação das práticas de vigilância familiar. Esse lugar é ocupado pela psiquiatria e pela psicologia, pois elas conseguem fornecer o discurso ideal para colaborar com a Justiça das crianças e dos adolescentes, com base em princípios educativos e comportamentais. Fornecem, a partir desse momento, os instrumentos necessários para a organização de uma estratégia de gerenciamento e prevenção. A psicologia, fundamentada na intervenção normativa, substitui a punição da lei pela prevenção, e a repressão pela educação vigiada. Aqui se percebe o que Donzelot (1986) descreveu como a "flexibilização do esquema de análise da psiquiatria", para estabelecer-se como parceira do aparelho judicial, afastando-se do antigo rigor patológico do discurso médico que se baseava na noção de perversidade, mediante uma "síntese entre o condicionamento (pavloviano) e o complexo de Édipo (freudiano)".

Desse modo, a ação educativa tem uma base de atuação, pois faz a união entre a teoria freudiana das carências com os problemas ambientais. Com a psicanálise, impõe-se o discurso normativo, abrandando a punição em prol de uma estratégia de controle das relações. A psicanálise tem o poder de diluir o efeito da repressão na suposta imparcialidade científica e isenção política de suas práticas, mediante um jogo de sedução.

Quando a pedagoga relata que "Na infância ocorre o processo de internalização e solidificação de valores, normas e regras (formação da estrutura psíquica denominada superego), a partir da identificação com modelos parentais [...] A tônica foi o abandono emocional e moral e a ausência de modelos parentais adequados", ela confirma a junção, no momento do exame, da teoria freudiana das carências de imagens parentais com a análise do ambiente. Portanto, a procura da pedagoga por aquilo que ela considera "melhor ambiente" é de extrema importância no processo normalizador.

No segundo relatório da assistente social, essa estratégia fica mais evidente. Foram realizadas uma entrevista com a mãe e o adolescente e uma visita domiciliar, buscando analisar o ambiente familiar. Essa *análise do ambiente* onde reside o adolescente infrator constata uma vida em estado de completa ociosidade, com uma situação familiar caótica, pois a genitora "perdeu o controle sobre o adolescente e o rejeita abertamente [...] O estado de saúde e de higiene pessoal são precários pois além de estar sempre sujo e descalço, exalando maucheiro, apresenta escabiose em grau avançado". Em cada laudo percebe-se, com maior nitidez, a estratégia do complexo judicial/pedagógico: *primeiro*, testar o comportamento, a docilidade e as relações familiares; *segundo*, controlar as relações familiares de modo a instrumentalizá-la para garantir a produção do sujeito "normal" (docilizado e útil). No terceiro relatório, a pedagoga informa os progressos da disciplina:

> O adolescente em tela está abrigado na entidade desde 25 de agosto do corrente ano. Apresentou progressos em diversos aspectos, pois tem realizado as tarefas que lhes são atribuídas com responsabilidade [...] No que diz respeito à adaptação quanto às normas e regras da entidade, seu desempenho é satisfatório, ou seja, obedece às determinações referentes a horários de banho (tendo boa higiene pessoal), refeições, trabalho, descanso, passeio, entre outros.

Se no exame anterior foi destacada a ausência de modelos parentais adequados, agora o *ambiente* passa a explicar a inadequação do infrator às normas sociais. Avaliado como um *ambiente* melhor que o "degenerado" lar do adolescente, causador do comportamento desviante, o pedagogo informa ao aparelho judicial que: "consideramos que seu retorno ao meio familiar seria desastroso, pois tal ambiente, profundamente carenciador de afeto e exemplos positivos de identificação, não proporcionaria oportunidade para mudanças significativas em seu comportamento". A entidade em que o infrator se encontra abrigado substitui os principais atributos normativos da família: a vigilância e o exame permanente, conferindo sua adesão às normas sociais. Pelo relatório, vê-se que, paulatinamente, o pedagogo vai obtendo sucesso na interiorização das normas e, conseqüentemente, na docilização no comportamento do adolescente infrator.

Nos relatórios seguintes, o pedagogo relata a adesão progressiva ao comportamento normalizado: "A partir da convivência na entidade, dos vínculos afetivos estabelecidos [...] está aos poucos internalizando padrões de comportamento sadio, através da introjeção de novos valores e de um modelo identificatório". Compreende-se "comportamento sadio" aquele que Jurandir Freire Costa descreve como auto-regulado e dócil ante as adversidades da vida. O importante é provocar no adolescente infrator a sensação de desconforto e aflição ao verificar à sua volta qualquer comportamento desviante e o sentimento de desvio moral com relação ao social; ou seja, afastar definitivamente o desejo de cometer atos ilegais. Para o sistema judicial/pedagógico, o que importa é a identificação, o gerenciamento, a vigilância e o controle do adolescente infrator e de sua família. Identificado, inicia-se o processo de exame.

Como demonstram os relatórios, o infrator e sua família são exaustivamente examinados, e suas relações econômicas e sociais são informadas ao Judiciário mediante a elaboração de relatórios pormenorizados, periodicamente atualizados. A situação de anonimato em que vive o adolescente infrator, até ser identificado pelo sistema, é o que lhe permite agir, de modo quase invisível, desafiando a ordem social sem correr riscos. O perigo político do anonimato é, assim, afastado, possibilitando ao Judiciário penetrar profundamente a intimidade familiar e reconduzir seus membros ao caminho da ordem social. A partir daí, basta acompanhar o infrator e verificar sua adesão às normas de comportamento.

No relatório final, com a normalização do comportamento do infrator, afastado o perigo que seu comportamento causava à ordem social, a tutela judicial se afasta: "O jovem em tela encontra-se em atendimento desde setembro de 1994. Ele vem apresentando boa conduta, pois é trabalhador e, por ser portador de rebaixamento mental significativo, não reúne condições de freqüentar a escola. Levamos o caso a apreciação superior". A medida socioeducativa foi encerrada em maio de 1995, após nove meses de ininterrupto exame. Vigiado e avaliado o adolescente, por todo esse período, sua adesão às normas é comprovada quando ele consegue demonstrar exteriormente os sinais de moralidade e subserviência, esperados pela pedagoga, o que representa, para os infratores, a única forma de afastar a inconveniente vigilância individual.

No processo 330/93, logo após informação da pedagoga designada, o juiz prorroga por mais seis meses o acompanhamento do adolescente infrator. É a avaliação da pedagoga, por meio da verificação do comportamento do adolescente, que informa a necessidade de mais tempo para a normalização. Como ficou claro na análise de Donzelot (1986), é possível verificar a "migração do poder decisório para um campo externo à justiça". A Justiça da Criança e do Adolescente tem apenas um "papel simbólico", e não julga efetivamente os infratores, mas garante que eles sejam examinados. A principal estratégia judicial para o controle da criminalidade infantil é a prevenção do virtual criminoso por meio do exame e da vigilância individual dos infratores. Para isso, o pedagogo é o principal aliado da Justiça e o seu principal instrumento, pois se a Justiça da Infância e da Juventude não se expressa sob a forma da lei, mas da norma, o único papel do Judiciário é, como foi dito, conferir autoridade e capacidade de coerção necessária ao trabalho pedagógico da *normalização*.

No primeiro relatório informativo do processo analisado, a informação da psicóloga é esclarecedora da situação de *anormalidade* em que se encontra a família:

> O grupo familiar desse jovem apresenta sérios problemas de estruturação, pois o irmão também é infrator, a irmã é mãe solteira e um pouco negligente com o filho. A genitora tem dificuldades de impor limites aos filhos porque ela própria vive uma vida irregular, amasiada com um homem alcoólatra, que não é aceito pelos filhos.

Em todos os aspectos é visível a desestruturação familiar. O pedagogo enfrenta grande dificuldade para a normalização: "Nos atendimentos grupais seu comportamento foi dissimulado, com atenção dispersa, demonstrando pouca receptividade às orientações das técnicas e não levando a sério o cumprimento da medida aplicada". A intervenção normativa deve, portanto, abranger toda a família: "Como o seu comportamento decorre da dinâmica familiar inadequada, acreditamos que a medida deva ser prorrogada e abranger toda a família, buscando melhor adequação e estruturação familiar. Levamos o caso a apreciação superior".

O adolescente e sua família são refratários à ação normalizadora, por isso a vigilância do complexo tutelar os acompanha há anos, conforme informou a pedagoga: "O jovem em tela vem sendo acompanhado por nós, em vários processos, de forma contínua há aproximadamente 5 anos, porém não temos conseguido obter muito progresso porque o grupo familiar é resistente a orientações, embora se mostrem pseudocooperantes". É nítido, nos casos estudados, mas principalmente nesse, que incorre sobre uma família resistente às orientações, que o caráter *terapêutico* do trabalho do pedagogo, seja ele assistente social, psicólogo ou qualquer outro técnico enviado pelo Judiciário, desarma a reação contrária e dilui a agressividade do ato.

A família em questão, mesmo sendo acompanhada por cinco anos, mostra-se ainda *pseudocooperante*; ou seja, apesar de resistente à adesão às normas, permite que o exame ocorra sem restrições, fornecendo todas as informações que lhe são solicitadas. A estratégia judicial de controle e vigilância, tendo à frente os pedagogos judiciais, desarma a resistência da família e permite uma incursão sem limites na sua privacidade. Dessa forma, além de o Judiciário conhecer profundamente seus delinqüentes, conhece também cada membro de sua família e o perigo à ordem social que cada um deles representa. Mais do que informar sobre o infrator, o exame do ambiente familiar e de seus membros previne o sistema para o controle e a prevenção de eventuais infratores ainda anônimos. Por meio da força ideológica propiciada pelo escopo educativo, o exame permite um acesso à personalidade do infrator, e de todos que se encontram à sua volta.

O último relatório pedagógico é esclarecedor dessas práticas. Nele, após um relato de toda a vida e dos sentimentos do infrator e de sua mãe, bem como de todos os problemas familiares, a pedagoga informa que: "Diante dessa situação familiar, D. não se empenha com afinco para modificar seu modo de viver. Apesar de D. não comparecer com assiduidade aos atendimentos, não tem infracionado e diante de sua resistência em receber orientações, parece-nos desnecessário continuar com o atendimento".

Pode-se extrair desse relatório que: primeiro, todo o trabalho pedagógico de normalização do comportamento familiar não surtiu o efeito desejado em cinco anos de sistemático acompanhamento; segundo, todavia, o adolescente infrator, apesar de resistente às orientações, não cometeu mais nenhuma infração no período. Em síntese, testado pelos pedagogos, foi refratário à ação de normalização, mas isso não significa uma derrota para o sistema, pois, mesmo não normalizado, o acompanhamento obteve sucesso, trazendo à luz um eventual futuro criminoso, cujo anonimato traria dificuldades à ordem social. Identificado o indivíduo, elimina-se a surpresa.

O criminoso adulto, cuja adolescência foi administrada durante anos pelo aparelho judicial/pedagógico, é entregue pelos pedagogos ao registro criminal. A partir desse momento, sua vida continua sujeita à gestão judicial, agora não mais baseada na norma, mas na lei. Observa-se, logo no início do processo objeto desta análise, que o infrator é nascido em 12 de fevereiro de 1975, sendo o último relatório datado de 28 de março de 1995, já às portas de sua maioridade. Portanto, os cinco anos de acompanhamento, informados no relatório, significam que ele passou toda a sua adolescência sob vigilância do complexo pedagógico/judicial. O importante para o sistema é que, mesmo não tendo seu comportamento totalmente normalizado, o exame proporcionou a investigação completa de um eventual criminoso adulto.

Diferentemente do caso anterior, no processo 377/92, o adolescente infrator analisado mostra, desde o início, aderência às normas: "Está iniciando um curso de informática que será realizado aos sábados; foi aprovado e providenciou a matrícula escolar para o próximo ano letivo". A pedagoga, pelas suas informações, deixa transparecer, já no primeiro relatório de acompanhamento, que o infrator possui as principais características do *indivíduo normalizado*, ou seja, a sua resignação ante as adversidades da vida é clara: "Alegou que às vezes desanima do padrão de vida que leva; trabalhar o dia todo e ao chegar em casa para repousar em dia de chuva, encontra goteiras até em cima de sua cama. Os eletrodomésticos que têm em sua casa (aparelho de som, televisão, bicicleta) foram comprados com o seu salário [...]". Mas, mesmo assim: "É um jovem trabalhador, não falta ao serviço e tem um relacionamento satisfatório com os companheiros de trabalho".

Além de subserviente, possui também, como o segundo relatório demonstra, outra característica do indivíduo normalizado, que é a auto-regulação, pela culpa e pelo sentimento de desvio moral com relação ao social: "é um adolescente que luta para conseguir melhorar as suas condições de vida, é consciente dos atos que cometeu: 'foi um momento de bobeira', e que não tem mais intenção em se prejudicar". A consciência do erro é a maior expressão da introjeção das normas sociais. Portanto, por manifestar sentimento de culpa pelos seus atos, conclui a pedagoga que o adolescente dificilmente voltará a cometer atos que violem a lei, pois o sentimento de desconforto e aflição ante o erro expressa a vitória da pedagogia na busca do comportamento normalizado.

O último relatório traz uma informação que nos revela o poder de persuasão que os pedagogos possuem: "O adolescente compareceu regularmente nas entrevistas mensais, a genitora nos auxiliou, esteve sempre muito pronta em nos fornecer informações a respeito do comportamento de seu filho nas visitas por nós realizadas". A estratégia de controle e gerenciamento da vida dos adolescentes infratores seria impossível sem a conivência do trabalho técnico dos pedagogos (assistentes sociais, psicólogos, educadores etc.). Será que os pais seriam tão abertos e prestativos e forneceriam todas essas informações aos policiais ou em uma audiência judicial? Seria possível um exame tão profundo que penetrasse as mazelas íntimas e pessoais dos indivíduos e de suas relações sociais e familiares sem a aliança entre a Justiça e os pedagogos? Pelos relatórios, vê-se a importância dos pedagogos na execução dessa estratégia de trabalho. Pode-se concluir que seria impossível organizar e executar essa estratégia de controle e gerenciamento dos infratores sem o trabalho e a conivência dos pedagogos. Eles filtram os produtos negativos do trabalho de normalização, diluindo a violência da invasão da privacidade no virtual caráter terapêutico, científico e imparcial de suas ações.

Como foi visto em Donzelot (1986), trata-se de uma técnica que mobiliza o mínimo de coerção para obter o máximo de informação. O pedagogo avalia, durante o exame, a adesão às normas e a receptividade familiar, sendo tudo minuciosamente informado em seu relatório. A família, por sua vez, embora não compreenda a insidiosa estratégia de controle e vigilância em que é inserida, acredita no caráter caridoso e gratuito da ação pedagógica e sente a presença da coerção judicial conferindo legitimidade aos acompanhamentos realizados; ela sabe, assim, que quanto antes demonstrar os sinais exteriores do comportamento desejado pelo pedagogo, mais rapidamente se verá livre de sua presença, e mais longe estará do aparelho judicial. No caso analisado, o último relatório, atestando a eficácia da normalização, encerra o acompanhamento com a seguinte avaliação: "A genitora relatou que seu filho tem uma vida social ativa, durante a semana permanece pouco tempo em sua residência, trabalha o dia todo e à noite vai para a escola, é de pouco diálogo com os familiares, não aceita conselhos, mas melhorou muito e está mais responsável". O comportamento do adolescente e de sua família está normalizado. A partir desse momento, se o adolescente já foi reconduzido aos aparelhos disciplinares (família, escola e trabalho), a vigilância judicial se afasta.

No último processo analisado, o de número 394/92, repete-se o que se verificou em todos os outros. A intervenção branda dos pedagogos penetra o âmago dos problemas familiares, permitindo ao olho do poder uma vigilância somente comparada aos filmes de ficção: "Foi realizada uma visita domiciliar, ocasião em que foi possível realizar entrevista com a madrasta [...] O conflito familiar gira em torno da rejeição aberta da madrasta em relação a A. O pai permanece em posição de neutralidade [...] O pai é sua fonte de afeto, seu continente afetivo [...] O adolescente parece dispor de recursos internos para lidar com o ambiente familiar hostil". O quadro avaliado de inadequação do modelo familiar para a regulação moral por meio das normas sociais e a ociosidade do adolescente requerem mais tempo para o trabalho pedagógico: "Sugerimos que o acompanhamento seja prorrogado, haja vista que o conflito familiar tem refletido negativamente no aspecto da escolaridade. Também objetivamos sua inserção no mercado de trabalho, já que tem permanecido na ociosidade".

Nos relatórios seguintes, vemos a dificuldade da pedagoga para normalizar o aparelho familiar: "O pai permanece ausente por longos períodos [...] não assume plenamente a educação do filho, deixando-o a cargo da madrasta. Esta, por sua vez, o rejeita abertamente e considera que a educação de A. não faz parte de suas obrigações. A mãe biológica é omissa. Incluiremos os pais nos próximos atendimentos, pois há que se redefinir papéis e estabelecer limites, já que ambos têm sido omissos e negligentes". As metas a serem atingidas pelo pedagogo são: reorganizar a família em torno do comportamento ideal, pela inculcação dos bons hábitos, para que possa adaptar o adolescente à ordem social capitalista, estimulando-o ao estudo e ao trabalho, de modo a mantê-lo afastado dos perigos do ócio, verificando suas companhias e de como utiliza seu tempo, suas relações sociais e seus desejos. No processo em análise, percebe-se que há uma dificuldade do pedagogo para estabelecer uma aliança com os membros da família, visando à feitura do trabalho normalizador.

Como é possível verificar na maioria dos relatórios, a grande aliada do pedagogo é a mãe. É por intermédio dela, incitado o seu *sentimento materno*, que se negocia essa aliança. A mãe normalizada, ideal para aliar-se ao pedagogo, é aquela que abandona seus projetos individuais em favor da família, de uma vida doméstica onde pode desenvolver completamente seu "instinto natural" de esposa e mãe. O pedagogo, diante da omissão da mãe biológica, não consegue encontrar um aliado para substituir o papel que é historicamente destinado à mãe para a execução do trabalho normalizador:

> Daremos continuidade ao acompanhamento através de entrevistas de orientação e aconselhamento ao pai e à madrasta, bem como ao adolescente. Novamente solicitamos a presença da mãe na entidade [...] A mãe não assume a responsabilidade pela educação de A., e nem sequer compareceu à entidade, quando foi solicitada sua presença [...] Segundo o pai, sua presença contínua junto ao filho sanou em grande parte seus problemas de comportamento.

A falta da mãe e a aversão da madrasta ao adolescente impedem uma ação efetiva dos pedagogos para a normalização familiar. No último relatório, antes de o juiz decretar o fim da medida socioeducativa, a pedagoga informa que houve progressos no comportamento do adolescente infrator e que o pai está conseguindo impor limites ao filho. Não obtendo êxito na normalização familiar, o aparelho judicial deve gerenciar sua passagem do registro tutelar para o registro penal, a fim de evitar a surpresa.

Observa-se, no início da descrição do caso, que o Ato Infracional é o de n.241/92; portanto, iniciou-se o acompanhamento ao infrator no ano de 1992. O encerramento da medida socioeducativa de Liberdade Assistida ocorreu no momento da sentença, ou seja, no dia 11 de abril de 1994. Destarte, o acompanhamento efetuou-se por, no mínimo, dois anos. Como nesses dois anos de acompanhamento sistemático e de exame ininterrupto o infrator não voltou a cometer mais nenhum ato infracional, a vigilância se afasta de forma lenta e gradual, deixando o adolescente sob os cuidados, mesmo que débeis, do pai. De toda forma, sua vida já foi examinada e encontra-se descrita nos relatórios e registrada nos processos. A qualquer notificação de nova infração cometida, a vigilância do complexo judicial/pedagógico pode retornar e a família novamente ser tutelada.

O Ato Infracional 501/00 (ver Anexo), ou seja, referente ao ano de 2000, cuja execução se estendeu para o ano de 2001, foi analisado para verificar se a forma de intervenção judicial havia sofrido alguma mudança.

Vê-se que, dez anos após entrar em vigor o Estatuto da Criança e do Adolescente, e oito anos após o período dos processos analisados neste trabalho, verifica-se que as práticas de acompanhamento do adolescente infrator são as mesmas. Pode-se verificar, por esse processo, que até mesmo o modelo de relatório tem o mesmo formato. O procedimento, o acompanhamento, as análises, as perguntas e a forma de relacionamento entre o pedagogo forense, responsável pelo acompanhamento, e o juiz são os mesmos. Logo no início do acompanhamento vê-se, no "relatório", que a análise comportamental inicia sua verificação informando que: "durante o atendimento demonstrou ignorar as normas e regras da família e da sociedade". Da mesma maneira que nos casos anteriores, o poder antecipa-se ao perigo da virtualidade do futuro criminoso. Detectado o perigo, imediato ou futuro, à ordem social, o exame se inicia. A família se vê impotente para controlar e disciplinar a adolescente: "a mãe demonstrou sem recursos para administrar as atitudes da filha e emocionalmente fragilizada". Todos os problemas familiares são examinados e relatados.

Na segunda informação ao juiz, observa-se que a adolescente está sob vigilância constante e que, até seu internamento para tratamento de consumo de drogas: "vem cumprindo o período proposto na medida aplicada [...] está comparecendo em todas as convocações". Parece ser suficiente para o Judiciário a certeza de que as normas estão sendo respeitadas e que o acompanhamento constante provoque no infrator o sentimento de vigilância. Se, como foi visto anteriormente, no discurso oficial as medidas socioeducativas devem propiciar ao infrator a possibilidade de estabelecer um projeto de vida que o leve à ruptura da prática de delitos, pelo relatório de acompanhamento desse caso, como nos outros já analisados, o que se observa é a vida da adolescente e a de sua família serem examinadas e relatadas.

Até o segundo relatório, a pedagoga se contenta com a assiduidade do comparecimento da adolescente. Sufocar sua insatisfação e seu descontentamento parece ser a alternativa para escapar da vigilância.

Nos terceiro e quarto relatórios, o exame prossegue e informa-se ao juiz que, apesar de não freqüentar a escola, está realizando um curso de dança. Pode-se considerar por essa análise que a adolescente apresenta sinais de adaptação e de comportamento normalizado, pois se afastou de seus antigos amigos e sua relação familiar melhorou. Para a técnica designada para acompanhar o caso a vigilância já pode se afastar, pois: "seu comportamento em casa melhorou e o social está regular. Diante do exposto, somos de parecer favorável ao encerramento do presente caso". Portando, como nos processos do ano de 1992, o caso se encerra quando se verifica que o comportamento do adolescente infrator está, aparentemente, normalizado. Fica evidente que a Liberdade Assistida não consegue ensinar valores, mas aposta na vigilância como forma de criar comportamentos condicionados a obedecer e resignar-se ante as adversidades.

Oito anos após, a estratégia judicial se expressa da mesma forma, ou seja, o que importa é a adesão incondicional às normas, independentemente se ela se dá como forma de se livrar da vigilância sufocando sua insatisfação, ou como uma adesão racional em que as pessoas percebam que é necessário negociar seus conflitos em favor da ordem social.

Considerações finais

O que se observa na análise das medidas socioeducativas é que as práticas do Judiciário no trato dos adolescentes infratores estão longe de cumprir os principais pressupostos educativos, presentes no discurso oficial do Estatuto da Criança e do Adolescente (ECA):

formação para a cidadania; promoção das condições necessárias para a superação da condição de exclusão do adolescente infrator; de propiciar ao jovem as condições para que ele estabeleça um projeto de vida e acesso à formação de valores positivos. Na prática, a "vocação educativa" do ECA oculta ações que não são estruturadas para a concretização do que o discurso propõe. Não é difícil verificar que o escopo educativo serve como *disfarce* para a estratégia de controle e normalização do comportamento e da vigilância constante.

O que se faz, efetivamente, é gerenciar e controlar a vida do adolescente infrator, por meio do exame e da intervenção normativa. Identificar e vigiar as famílias dos infratores *in loco*, examinando-as e incitando-as a normalizarem suas relações familiares e capacitando-as para exercer a vigilância e a normalização. É de importância vital para a manutenção da ordem social que essas famílias vigiem e controlem a vida de sua prole, afastando-a dos espaços públicos, reservados aos adultos e de exemplos considerados nefastos para as crianças; devem regular suas relações e a forma como usam seu tempo, afastando-os da vacuidade, e fazer operar a função disciplinar sem a necessidade da presença do pedagogo judicial.

É de fácil percepção que em nenhum momento a educação propalada pelo ECA é a tônica do processo de acompanhamento do infrator, especialmente se entendermos educação para a cidadania como a capacidade de propiciar a qualquer pessoa e, em especial, ao adolescente, já que é dele que se está tratando, a possibilidade de reprimir as crenças e as ilusões que não contribuem para o desenvolvimento da consciência critica, do surgimento da liberdade com responsabilidade e do gosto pela investigação e a reflexão. Pelos relatos, verifica-se que o caráter educacional apenas disfarça a preocupação central, que é o exame do infrator e de sua família; vigiá-los, durante o período estipulado na medida e, paralelamente, conduzi-los a zonas de maior vigilância, tais como escola, trabalho etc. Essas zonas de vigilância substituem gradativamente ao final da medida o pedagogo judicial.

Pode-se observar que os pedagogos judiciais perscrutam a intimidade e a privacidade familiar de forma profunda, sem restrições ou reações, porque são legitimados pelo caráter educativo e terapêutico. A vigilância é efetuada de tal forma que desarma qualquer reação do adolescente e de sua família. Crendo na cientificidade da ação e sob coação, ante o apoio judicial, a família permite ser examinada e vasculhada. Lembramos aqui as palavras de Donzelot (1986), para quem o Judiciário é a "viga-mestre dessa estratégia pois confere a autoridade e a coerção necessária para garantir e ratificar o trabalho dos pedagogos na distribuição das normas":

> Viga-mestre, pela posição intermediária que ocupa entre uma instância retribuidora de delitos (a justiça comum), e um conjunto composto por instâncias distribuidoras de normas, a justiça de menores se apóia sobre a primeira a fim de garantir e ratificar o trabalho de outras. Por um lado, confere-lhe uma autoridade, uma capacidade de coerção necessária a seu exercício. Por outro, filtra os produtos negativos do trabalho de normalização. Nesse sentido, pode-se dizer que é o aparelho judiciário que fabrica seus delinqüentes, já que aqueles que passam do registro tutelar para o penal e que constituem uma grande parte dos delinqüentes adultos foram preliminarmente testados como refratários à ação normalizadora. Essa filtragem orienta para uma carreira de delinqüentes aqueles que não quiseram jogar o jogo. (Donzelot, 1986, p.105)

Viga-mestre, pois o Judiciário organiza e confirma o trabalho dos pedagogos. Destarte, verifica-se claramente nos relatórios que o Poder Judiciário, por intermédio do Cartório da Infância e da Juventude, não julga efetivamente os adolescentes infratores, mas os examina. Em todos os relatórios analisados ficou evidenciado que o acompanhamento efetuado pela medida socioeducativa de Liberdade Assistida apenas examinou durante um longo tempo a vida do adolescente e de sua família. Utiliza-se esse exame para testar o comportamento do adolescente infrator quando novamente colocado nos aparelhos disciplinares (escola, trabalho, família etc.) e para verificar a sua adesão às normas de comportamento social, a fim de transformá-lo no adulto dócil e útil à ordem social. Quando confrontados os relatórios dos acompanhamentos das medidas socioeducativas com a parte teórica deste trabalho, ou seja, quando se promove um diálogo da teoria com as fontes, percebe-se que a mesma estratégia que Donzelot descreveu em suas pesquisas na França podem ser aplicadas, guardadas as devidas proporções e especificidades históricas, à atualidade brasileira. O pedagogo, em razão da força coercitiva que seu trabalho lhe confere, para penetrar na privacidade familiar com o consentimento dos pais, é o responsável direto pelo exame. É ele que procede à avaliação detalhada da vida social, econômica e sentimental do adolescente e de sua família.

Inevitavelmente, um observador atento aos relatórios de acompanhamento fica estupefato com a capacidade que o pedagogo tem para penetrar na intimidade familiar sem provocar a mínima reação de objeção. Ao contrário, percebe-se em todos os relatórios a colaboração total da família, principalmente da mãe do infrator, revelando os segredos mais íntimos de suas relações. Não foi vista, em nenhum dos relatórios analisados, resistência mínima das famílias ao trabalho dos pedagogos. A única reação foi o não-comparecimento às reuniões previamente agendadas, o que lhes acarretava mais vigilância.

É de fácil percepção que o caráter terapêutico e educacional que envolve toda a estratégia oculta a violência e a agressão da ação, filtrando seus produtos negativos e permitindo ao olho do poder uma incursão ilimitada aos meandros familiares. A função desses técnicos, aqui chamados de pedagogos, é identificar o adolescente infrator em seu meio, individualizá-lo, de forma a evitar o perigo do anonimato e acompanhar a sua vida enquanto é testado nos aparelhos disciplinares. Nesse período de testes, o pedagogo relata no processo, passo a passo, a sua reação quando inserido no mundo do trabalho, na escola; enfim, examina o progresso da disciplina e do comportamento normalizado. No período determinado pela sentença para o cumprimento da medida socioeducativa de "liberdade assistida", o adolescente passa por exames e avaliações constantes do pedagogo designado para o caso, que penetra no ambiente familiar e analisa a personalidade do infrator.

Os objetivos dessa estratégia são: detectar as mudanças de comportamento do adolescente ao ser reinserido nos aparelhos disciplinares; fazê-lo sentir que todos os seus passos são acompanhados e vigiados e que essa vigilância só se afastará quando ele conseguir demonstrar os sinais exteriores do comportamento normalizado; reorganizar a família para que, no momento certo, quando o pedagogo se afastar, proceda, em seu lugar, à aplicação das normas e à vigilância para a garantia de seu cumprimento; encaminhamento do infrator para espaços de maior vigilância (tais como a escola e o trabalho), pois o perigo está na vacuidade da vigilância e na ociosidade de sua vida. Nas palavras de Donzelot (1986), o recado para essas famílias tuteladas por essa estratégia é claro: "se não vigiar seu filho, o Judiciário o fará".

Pode-se perguntar: se o que importa é o exame, por que os pedagogos precisam do Judiciário? A resposta é que o Poder Judiciário outorga poderes aos pedagogos para afastar uma possível resistência da autoridade paterna. Vê-se, pelos relatos, que toda a família fica à mercê dos pareceres técnicos. Por essa razão, sentem que só se libertarão da vigilância se colaborarem, se demonstrarem uma conversão de suas vidas ao modelo proposto pelo pedagogo. O Judiciário tem a função de garantir e legitimar o trabalho dos pedagogos, os quais, ao mesmo tempo em que vigiam, distribuem normas de comportamentos para o infrator e sua família. A Justiça da Criança e do Adolescente não julga efetivamente os adolescentes infratores, mas os examina e distribui normas de comportamento. É uma parte da Justiça que tem o escopo exclusivo de distribuir normas para a produção do sujeito normal.

Como já foi mencionado anteriormente, esses técnicos são conhecidos por pedagogos, pois, por meio do exame, testam a todo momento o adolescente para verificar se as normas de comportamento que lhes foram impostas produziram o efeito desejado. Os relatos mostram como os pedagogos buscam redefinir as funções familiares dentro da "normalidade", instrumentalizando-a para que possa cumprir seu importante papel de aparelho disciplinar na manutenção da ordem social. Como exemplo, o relato do processo n.394/92 é claro:

> O pai permanece ausente por longos períodos, pois às vezes realiza trabalhos em outras cidades, e não assume plenamente a educação do

filho, deixando-o a cargo da madrasta. Esta, por sua vez, o rejeita abertamente e considera que a educação de A. não faz parte de suas obrigações. A mãe biológica é omissa. Incluiremos os pais nos próximos atendimentos, pois há que se redefinir papéis e estabelecer limites, já que ambos têm sido omissos e negligentes. Data: 4/7/93. (a) Psicóloga.

A ação pedagógica procura redefinir os papéis e reorganizar a vigilância familiar. Busca normalizar o comportamento do adolescente, reativando as condições familiares necessárias para que os pais possam impor a seus filhos as micropenalidades[1] por meio do que Foucault (1987) descreveu como sistema de gratificação-sanção, destinado ao enquadramento moral de seus membros e de uma conformidade que delimita a normalidade. Após a reorganização da família, o pedagogo examina a sua capacidade de aplicar as normas e a forma de reinserção do adolescente em seu seio. As relações familiares são examinadas a fim de verificar a retomada da autoridade paterna e a definição ideal dos papéis. A verificação e o posterior relato do pedagogo sobre a reorganização familiar permitem ao Judiciário prever se haverá perigo no comportamento futuro do adolescente. Ou seja, prever a virtualidade de seu comportamento, conforme demonstra o relato da pedagoga:

[...] A. está trabalhando na companhia de seu pai como servente de pedreiro, freqüentando a 6ª série do período noturno da nova escola do Jd. Eldorado [...] Houve progressos no comportamento de A., o pai está conseguindo impor limites ao filho. Aos 24/2/94. (a) Assistente Social.

Depois de avaliada e consertada a fissura existente no aparelho disciplinar familiar, o pedagogo vai, aos poucos, relaxando a vigilância e entregando-a à família. Afasta-se definitivamente quando comprovadas a normalização do comportamento do infrator pela sujeição às normas sociais e a adequação da família aos padrões da normalidade. Pelos relatórios de acompanhamento, pode-se perceber que a vigilância vai se esvaecendo no momento que se começa a

---

1 Já exposto no Capítulo 2 deste livro, em "Foucault e a normalização".

verificar que o infrator inicia um processo de acomodação no mundo em que vive. Em outras palavras, quando se verifica uma retomada dos estudos, do trabalho e da vida familiar, tem-se a certeza de que o infrator, graças à sua reinserção nos aparelhos disciplinares, saiu do anonimato e da ociosidade em que vivia e a partir desse momento será examinado por esses aparelhos sem a necessidade da intervenção pessoal do pedagogo.

Dessa forma, como a partir de agora seu comportamento será avaliado e examinado por essas instâncias que o cercam, a tutela judicial afasta-se. A estratégia pedagógica/judicial cumpre seu papel de garantia da segurança e da ordem social pela prevenção, toda vez que consegue incluir todos os adolescentes infratores em locais visíveis. E, desse modo, colabora com a estratégia geral de controle social capitalista, descrito por Foucault como a "sociedade da vigilância", na qual, para que haja a eficácia desejada, todos têm que estar visíveis o tempo todo. A sociedade capitalista, organizada nos pressupostos da vigilância constante, tem horror ao anonimato, ao desconhecido, ao invisível. Portanto, o controle social, baseado na prevenção, tem como principal característica a individualização, operada por meio de uma estratégia interminável de exame.

Fica evidenciado nos laudos de acompanhamento dos pedagogos que a medida de liberdade assistida, geralmente aplicada aos infratores reincidentes, tem como objetivo trazer à luz, tornar visível o infrator anônimo. Se a família não consegue acompanhar sua vida, quando ele está fora da escola e do trabalho, o adolescente infrator vive nas sombras e seu comportamento não pode ser avaliado por nenhuma dessas instituições. Como Foucault nos fez compreender, o poder teme o vácuo, o anonimato, tudo o que não pode ser visto, avaliado, examinado e individualizado. Constata-se, então, pelos relatórios, a estratégia que tem por finalidade tornar o infrator visível. Trazê-lo para o mundo da visibilidade, onde todos possam, a todo momento, vê-lo, julgá-lo, compará-lo e, enfim, examiná-lo. Na sociedade da vigilância, todos devem estar, permanentemente, sob a égide do exame. Como já foi dito, o perigo político da vacuidade deve ser constantemente perseguido e destruído. O infrator, após ser identificado, é cercado pelos pedagogos até que demonstre mediante sinais exteriores sua orientação para o comportamento normalizado, o que significa a produção de um futuro adulto dócil e subserviente e que não represente perigo para a ordem social.

É importante reconhecer que existem adolescentes refratários a essa ação; adolescentes que não conseguem reorientar seu comportamento. Esses, caso não representem perigo social suficiente para a institucionalização (Febem), serão vigiados até a idade adulta. Já identificados, evita-se a surpresa. O sistema conhece e tem o relatório da vida de todos os virtuais criminosos adultos. Os refratários à ação normalizadora serão acompanhados até a maioridade, quando passarão do regime tutelar para o criminal.

Um exemplo claro é uma sentença encontrada no processo de "pedido de providência" n.56/93, referente ao adolescente A.D.B. cujo caso não pertence aos processos selecionados para a análise, mas que pode exemplificar essa vigilância. Nela, após o acompanhamento sistemático do adolescente e de sua família, o juiz relata, na sentença, que não há mais o que fazer, a não ser aguardar sua maioridade:

> [...] Assim, diante das informações trazidas aos autos, seria caso de orientação e acompanhamento temporários às famílias. Porém, quanto a A., vê-se que se encontra às portas da maioridade penal e sua conduta não enseja prognóstico favorável de recuperação pelo meio proposto, cuja inocuidade revela-se patente [...] 3.- Pelo exposto, embora acolhendo as razões manifestadas pela representante do Ministério Público [...] determino o arquivamento dos autos [...] aos 18.3.93. (a) Juiz de Direito.

Essa sentença ratifica e comprova de forma efetiva o que foi dito. O adolescente, que já havia sido acompanhado até "as portas da maioridade", não demonstrou reversão comportamental. A surpresa já foi evitada e a partir de agora será entregue à instância criminal. O acompanhamento a que o adolescente foi submetido propiciou ao poder a vigilância necessária para localizar o perigo de um eventual futuro marginal adulto, que foi escoltado pelos pedagogos até a idade adulta. Dessa forma, fica evidente a estratégia de gerenciamento dos infratores.

Percebe-se pelos relatos que a ação dos pedagogos judiciais da normalização se expressa como forma de promover a adequação comportamental pelos limites da normalidade, ou seja, definir comportamentos como "normais" e "anormais". Como vimos, o exame é a forma ideal de qualificar, classificar e punir o adolescente cujo comportamento se mostra desviante. O exame e a avaliação fazem parte da estratégia da gratificação-sanção como forma de correção. Recompensa-se o comportamento adequado e pune-se o comportamento desviante. O sistema disciplinar a que o adolescente deveria estar submetido desde seu nascimento deve ser reativado para fazer funcionar os mecanismos de sanção normalizadora. Em todos os relatos, o exame e a busca da normalidade ficam demonstrados:

> [...] Está iniciando um curso de informática que será realizado aos sábados; foi aprovado e providenciou a matrícula escolar para o próximo ano letivo. Alegou que às vezes desanima do padrão de vida que leva; trabalhar o dia todo e ao chegar em casa para repousar em dia de chuva, encontra goteiras até em cima de sua cama. Os eletrodomésticos que tem em sua casa (aparelho de som, televisão, bicicleta) foram comprado com o seu salário, revolta-se com o pai ao lembrar que quando pequeno, várias vezes presenciou cenas, até mesmo de agressão física de seu pai para com sua mãe, hoje em dia isso não mais ocorre, mas seu pai nunca tomou iniciativa para que pudessem melhorar sua vida, "é uma pessoa muito acomodada e aceita tudo aquilo que tem", quem toma as decisões em sua casa é sua mãe [...] (Processo número 377/92, de execução de medida sócio-educativa de R.C.C).

Assim, o adolescente infrator não é punido pela força coercitiva da lei, cuja violência é visível e se expressa na privação de liberdade e nas violências das prisões. A punição da lei possui uma coerção que todos percebem, pois tem como principal característica a opressão física do criminoso e não possui, como no caso do criminoso adulto, uma violência que possa ser vista. É por isso que carrega sobre si a pecha de que a "justiça de menores não faz nada". Essa forma de *coerção invisível* está por trás das campanhas para diminuir a idade penal. Tem-se a impressão de que a punição só se realiza quando permeada pela violência física.

Conforme nos mostram os relatos dos processos, a estratégia de controle da criminalidade infantil ocorre sob outra vertente. Ela se organiza numa estratégia, brilhantemente desvendada por Donzelot e Foucault, e já descrita neste trabalho, que tem como pressuposto a penalidade da norma. Essa se expressa no controle da vida do indivíduo por meio da sanção normalizadora. Os pedagogos medem os desvios, apuram os distúrbios comportamentais, hierarquizam os indivíduos, determinam lugares, buscando homogeneizar os comportamentos e estabelecer os limites da normalidade. Portanto, nessa estratégia, o elemento principal é o técnico pedagogo, pois é ele quem vai proceder ao exame e avaliar a possibilidade de obter um comportamento adequado às normas. Violência sutil, que, permeada pela áurea pedagógica, camufla sua real intenção, obtendo o máximo de informação pelo mínimo de coerção. Sua coerção não é manifestada na ostentação policial ou na admoestação física, mas diluída na suposta liberdade em que o adolescente infrator é "educado".

O julgamento normalizador dos pedagogos, por meio do registro dos traços comuns e individuais do infrator e sua família, estabelece o controle que ao mesmo tempo qualifica, vigia e pune. Quando o "olho do poder" penetra a privacidade familiar, ilumina com o holofote da vigilância aqueles que se aproveitaram das trevas para burlar as normas e provocar a desordem. Como já foi dito, e após a análise dos processos, tornou-se evidente que de forma silenciosa e anônima essa estratégia de poder manipula, regula, molda e controla a vida dos adolescentes e de seus familiares. Esse controle disciplinar e social, possuidor de características terapêuticas, médicas, sociais, assistenciais e educativas, inibe qualquer reação. Suas recomendações induzem os envolvidos a um respeito servil, pois são calcados em preceitos coletivos que punem os atos que contrariam a moral ou que infringem as regras da assepsia social.

Enfim, pelos relatos do capítulo anterior, pode-se observar claramente nos acompanhamentos dos casos de adolescentes infratores apenados com a medida de liberdade assistida como se estrutura a estratégia judicial de controle. Acreditamos que, após a leitura atenta das teorias explicativas da organização do modelo social de controle de indivíduos de comportamento desviante, que fizemos no Capítulo 2, e pela análise dos relatórios de acompanhamento e dos laudos psicológicos, é possível compreender essa estratégia judicial e verificar que há toda uma estrutura de vigilância organizada em torno do principal caráter das medidas impostas aos infratores, que é o exame, efetuado pelos pedagogos judiciais. Ou seja, todo o aparato judicial dos crimes efetuados por crianças e adolescentes não tem como escopo o julgamento, mas o exame, o acompanhamento, a vigilância, a observação constante e sistemática, com aconselhamentos e a reorganização do aparelho disciplinar familiar.

Para que essa estratégia se concretize, o elemento mais importante não é o juiz, mas o pedagogo, que é o olho do poder na privacidade do infrator e de sua família. Antecipa-se a ação policial, pela descoberta da virtualidade criminal. É historicamente comprovado que a chance de o mais fraco vencer o mais forte está sempre na possibilidade da surpresa. Evitar a surpresa é vencer o inimigo quando se consegue detectar o perigo e antecipar sua ação. Para isso, o gerenciamento da vida desses infratores permite evitar a sua principal arma, que é a *surpresa*, e antecipar o trabalho da ação policial. Com certeza, pode-se dizer que o pedagogo judicial é "a polícia das famílias", pois é por intermédio dela que se efetiva a normalização do corpo social.

Enfim, o *Processo judicial de normalização* se expressa na estratégia judicial executada pelo pedagogo, que, camuflado pela suposta imparcialidade da lei e da ciência, e protegido pela aparente isenção política de suas práticas, acredita na "recuperação" do infrator quando o avalia, pelo exame que efetua, como "normal". O sujeito normal, "recuperado" pelo trabalho judicial ao longo do período de acompanhamento, deve possuir as seguintes características: autocontrole excessivo, que se expressa na submissão e docilidade diante das adversidades da sua vida miserável; subserviência ante os superiores e a ordem estabelecida; desconforto perante os comportamentos discordantes de seu meio.

Essa é a proposta educativa para os adolescentes infratores. Por um lado, o caráter educativo, que no Estatuto da Criança e do Adolescente é estruturado sob a forma de medidas socioeducativas, representa, na verdade, uma proposta progressista quando propõe, em linhas gerais, que as crianças e os adolescentes devam ser protegidos pelo Estado, pois se apresentam como cidadãos e indivíduos com plenos direitos. Por outro lado, permite que esse pressuposto educativo legitime e dissimule a agressão de uma vigilância sem limites na vida do infrator e de sua família e inibe, pelo disfarce pedagógico, qualquer possibilidade de reação. A estratégia usa a tática do inimigo: *torna-se invisível para obter maior eficácia.*

Caminhos alternativos

A primeira pergunta feita aos críticos de qualquer sistema é sempre a mesma: o que se propõe como solução?

Partindo da premissa de que o problema da marginalidade infantil é um produto natural do sistema industrial capitalista, e que pode ser compreendido a partir de sua forma de inserção na dinâmica do processo produtivo, deve-se, portanto, compreender o comportamento dos adolescentes infratores como forma de resistência à opressão, e, antes de constituir ameaça à coletividade, constitui uma ameaça à propriedade. Nesse contexto, qualquer tentativa de elaborar um projeto contra a criminalidade infantil estará sempre propondo controle do comportamento considerado desviante e, portanto, impondo formas de adaptação coercitiva e autoritária de indivíduos que não se resignam com seu lugar social. Mais do que um ato criminoso, o que o comportamento do adolescente infrator expressa é que, por algum motivo, a adesão às normas não o seduz, e que sua rejeição ao enquadramento à moral capitalista manifesta-se numa luta cega contra um inimigo invisível.

O que efetivamente importa ao sistema é que, mesmo com todas as adversidades da vida, o dominado aceite continuar jogando o jogo com as regras e a ética do dominante. Pode-se observar mais de perto essa questão por meio do processo n.377/92, anteriormente analisado, no qual o adolescente informou de forma clara à pedagoga que: "às vezes desanima do padrão de vida que leva; trabalhar o dia todo e ao chegar em casa para repousar em dia de chuva, encontra goteiras até em cima da cama [...]". A pedagoga faz o adolescente crer que a rudeza e a crueldade da vida são naturais e que a única forma de viver honestamente é aderindo aos valores socialmente canonizados como bons e verdadeiros. Deve-se, também, fazer crer que somente adotando a ética capitalista de aceitação do valor do trabalho como a única forma legítima para se viver e do respeito cego à propriedade privada sua vida poderá mudar.

Como foi dito, é evidente que o Estatuto da Criança e do Adolescente representou um avanço na legislação juvenil, pois incorporou importantes conquistas do campo dos direitos humanos e da Constituição. Todavia, ficou demonstrado pelos processos analisados que, no contexto geral, sua retórica poucas vantagens trouxe para a insidiosa estrutura de vigilância a que estão submetidos os infratores. Se toda a estrutura do controle judicial dos adolescentes infratores está organizada no exame e na vigilância efetuados pelos pedagogos, sob o disfarce do escopo educativo, o Estatuto da Criança e do Adolescente e suas medidas socioeducativas apenas colaboraram para dissimular ainda mais essa estratégia. Como se pode observar, a aplicação das medidas socioeducativas em nenhum momento possibilita ao infrator a plena cidadania e as condições necessárias para a superação da sua condição de exclusão, ou tampouco propicia condições para que ele estabeleça um projeto de vida. Inevitavelmente, o fim do grave problema da criminalidade infantil passa rigorosamente pela luta constante contra a desigualdade, a miséria e, principalmente, a falta de solidariedade.

Organizar uma proposta alternativa que se afaste da estratégia judicial de controle autoritário, pautado pela vigilância, e que possibilite a emergência do cidadão crítico, integrado socialmente e que seja capaz de superar conscientemente sua situação de exclusão, é uma tarefa extremamente difícil e que jamais seria aceita.

Primeiramente, porque o sistema capitalista não necessita de cidadãos que tenham plena consciência de sua situação social e política, mas sim de pessoas dóceis, úteis e alienadas, dispostas a vender sua mão-de-obra no mercado de trabalho e se culpar por eventuais fracassos: "O primeiro sistema de regulação cria a consciência de que todos os predicados sentimentais, físicos e sociais são ahistóricos. O adulto domesticado por essa técnica não consegue imaginar que sua vida e seu modo de ser foram socialmente produzidos com fins político-econômicos precisos" (Costa, 1999, p.200).

Desse modo, há uma distorção intencional na compreensão da palavra cidadania. Pelo que se percebe, a cidadania desejada na aplicação das medidas socioeducativas é integrar o adolescente infrator ao mercado de trabalho, estimulando-o a adotar a ética capitalista de valorização do trabalho como único meio legítimo de acesso à riqueza e ao prazer e de respeito infinito à propriedade privada.

A segunda questão que impossibilitaria a apresentação de uma proposta alternativa que propiciasse ao adolescente a plena cidadania mediante a superação de sua condição de exclusão e fornecesse as condições para um projeto de vida reside no fato de que o Estado, como representante de uma classe social e defensor do *status quo*, não apoiaria nenhuma medida substitutiva do controle e da vigilância dos adolescentes infratores por um programa social de garantia de trabalho aos pais e por uma pedagogia que oferecesse condições aos excluídos de compreensão dos motivos de sua exclusão e de seu papel histórico na luta de classes.

O principal objetivo deste trabalho é o de, modestamente, contribuir na luta contra essa forma de poder baseada no privilégio do saber, do poder e do discurso científico e normalizante. Busca-se fazer emergir uma forma de controle quase invisível, camuflada pelo cunho *educativo*, e que só pode ser revelada se observada a distância, com as armas teóricas adequadas. Uma bela citação de Foucault (1978) sobre o papel do intelectual no campo da luta política merece ser resgatada integralmente:

> Ora, o que os intelectuais descobriram recentemente é que as massas não necessitam deles para saber; elas sabem perfeitamente, claramente, muito melhor do que eles; e elas o dizem muito bem. Mas existe um sistema de poder que barra, proíbe, invalida esse discurso e esse saber. Poder que não mais se encontra somente nas instâncias superiores da censura, mas que penetra muito profundamente, muito sutilmente em

toda a trama da sociedade. Os próprios intelectuais fazem parte deste sistema de poder, a idéia de que eles são agentes da "consciência" e do discurso também faz parte desse sistema. O papel do intelectual não é mais o de se colocar "um pouco na frente ou um pouco de lado" para dizer a muda verdade de todos; é antes de lutar contra as formas de poder exatamente onde ela é, ao mesmo tempo, o objeto e o instrumento: na ordem do saber, da "verdade", da "consciência", do discurso [...] Luta contra o poder, luta para fazê-lo aparecer e feri-lo onde ele é mais invisível e mais insidioso. Luta não para uma "tomada de consciência" [...] mas para a destruição progressiva e a tomada do poder ao lado de todos aqueles que lutam por ela, e não na retaguarda, para esclarecê-los. (Foucault, 1978, p.71)

De qualquer maneira, este trabalho tenta contribuir, juntamente com todos aqueles que foram citados, para que os profissionais participantes das áreas técnicas do Poder Judiciário e dos programas de Liberdade Assistida, como é o caso específico dos psicólogos e assistentes sociais, possam ter consciência do papel político de controle da ordem social desempenhado por suas práticas, na insidiosa estratégia de vigilância dos adolescentes infratores e de suas famílias. E também para que os educadores, envolvidos no processo, percebam ser a proposta educativa do Estatuto da Criança e do Adolescente uma metáfora para diluir a violência de um autoritário *processo de normalização*.

Quiçá este modesto trabalho possa contribuir na discussão de uma alternativa para o problema da criminalidade infantil, cuja proposta educativa não esteja baseada em princípios autoritários, definido por Lobrot (1992) como o de "pretender fazer o bem às pessoas sem a sua vontade". Essa educação autoritária faz do indivíduo um objeto manipulável nas mãos de um pedagogo que tenha como único objetivo adaptá-lo à ordem capitalista no modelo de ajustamento previsto nas normas do comportamento social. Não é mais possível continuar acreditando que as práticas emanadas do Estatuto da Criança e do Adolescente, por meio das medidas socioeducativas, tenham como intenção a cidadania e a integração plena do indivíduo à sociedade, quando verificamos que o resultado considerado positivo da intervenção normativa do aparelho pedagógica/judicial é o sujeito subordinado, submisso, autômato e dócil.

Um projeto alternativo deve levar em conta as condições de integração social do adolescente infrator, com a efetiva superação da sua condição de exclusão, e o estabelecimento de condições para que ele tenha um projeto de vida. Esse projeto deve ser repensado, levando-se em conta a necessidade de inserir o adolescente em um meio que valorize a atividade construtiva e criativa, de experiências cotidianas positivas, fonte de prazer e de satisfação.

A cidadania ideal é aquela que proporcione ao adolescente capacidade de compreender as causas de sua dominação, desejo de participar da solução dos conflitos da sociedade, capacidade de exigir uma nova ordem social e ética e o questionamento dos valores que sustam a ordem social.

Como se percebe pela análise dos relatórios, a educação para promover esse modelo ideal de cidadania está divorciada da prática pedagógica judicial:

> A educação para a cidadania precisaria empenhar-se em expurgar de cada homem as crenças, as fantasias, as ilusões e quem sabe, as paixões, que em nada contribuem para o desenvolvimento de uma consciência crítica [...] Por subestimar a importância de seu papel no jogo político da sociedade, o ingênuo abre mão de participar na solução dos conflitos, nas tensões sociais [...] Superar essas ingenuidades – aquela que sufoca o descontentamento ou que se lança cegamente nos conflitos – é a tarefa da educação. (Ferreira, 1993, p.221)

Enfim, reeducar por meio de experiências positivas de vida para que se obtenha a resposta comportamental adequada. Esse comportamento só pode se estabelecer quando o indivíduo tiver compensações positivas pelo respeito às normas sociais. É impossível pensar um projeto alternativo que dissocie as necessidades educativas das condições materiais dos adolescentes infratores. As experiências positivas de vida não surgem num meio onde não se pode pensar em outra coisa a não ser na luta pela sobrevivência, realizada por meio de trabalho alienante e mal pago.

É necessário, assim, conscientizar os técnicos judiciais, e todos os demais profissionais, do papel político de controle social que desempenham, e reabrir o debate sobre as formas de reintegrar socialmente o adolescente infrator, mediante um novo projeto de vida. Os educadores têm o dever de denunciar quando a educação não estiver sendo usada como forma de evitar a exclusão ou a serviço ideológico dos que pretendem permiti-la e camuflá-la. Esse projeto pode parecer utópico, mas, como disse Lobrot (1992), "o essencial é querer a mudança e procurar fórmulas válidas que permitam sua realização".

REFERÊNCIAS BIBLIOGRÁFICAS

ALBUQUERQUE, J. A. G. *Metáforas da desordem*. Rio de Janeiro: Paz e Terra, 1978.

_____. *Instituição e poder*. 2.ed. Rio de Janeiro: Graal, 1986.

ARIÉS, P. *História social da criança e da família*. 2.ed. Rio de Janeiro: Guanabara, 1981.

BADINTER, E. *Um amor conquistado*: o mito do amor materno. 9.ed. Rio de Janeiro: Nova Fronteira, 1985.

COSTA, J. F. *Ordem médica e norma familiar*. 4.ed. Rio de Janeiro: Graal, 1999.

DONZELOT, J. *A polícia das famílias*. 2.ed. Rio de Janeiro: Graal, 1986.

ELIAS, N. *O processo civilizador*. São Paulo: Zahar, 1993. v.2.

FERREIRA, N. T. *Cidadania: uma questão para a educação*. Rio de Janeiro: Nova Fronteira, 1993.

FOUCAULT, M. *Microfísica do poder*. Trad. Roberto Machado. Rio de Janeiro: Graal, 1978.

_____. *Vigiar e punir*: história das violências nas prisões. 9.ed. Rio de Janeiro: Vozes, 1987.

_____. *História da sexualidade*. Rio de Janeiro: Graal, 1997.

_____. *A verdade e as formas jurídicas*. 2.ed. Rio de Janeiro: Nau, 1999.

FREYRE, G. *Casa grande e senzala*. São Paulo: Círculo do Livro, 1989.

GADELHA, S. S. *Subjetividade e menor-idade*. São Paulo: Annablume, 1998.

GRACIANI, M. S. S. *Pedagogia social de rua*. São Paulo: Cortez, 1997.

GUIRADO, M. *Instituições e relações afetivas*. São Paulo: Summus, 1986.

KUZNESOF, E. A. A família na sociedade brasileira: parentesco, clientelismo e estrutura social (São Paulo, 1700-1980). In: SAMARA, E. M. (Org.) *Família e grupos de convívio*. São Paulo: Marco Zero, 1988.

LAROSSA, J. Tecnologias do eu e educação. In: SILVA, T. T. da. (Org.) *O sujeito da Educação*: estudos foulcautianos. Petrópolis: Vozes, 1984. p.76.

LEITE, L.C. *Meninos de rua*: o rompimento da ordem 1554/1994. Rio de Janeiro: UFRJ, 1998.

LOBROT, M. *A favor ou contra a autoridade*. Rio de Janeiro: Francisco Alves, 1977.

_____. *Para que serve a escola?* Lisboa: Terramar, 1992.

MARCÍLIO, M. L. *História social da criança abandonada*. São Paulo: Hucitec, s.d.

MARCONI, M. A. *Técnicas de pesquisa*. São Paulo: Atlas, 1982.

MÉNDEZ, E. G. *Infância e cidadania na América Latina*. São Paulo: Hucitec, 1998.

PASSETTI, E. (Org.) *Violentados: crianças, adolescentes e justiça*. São Paulo: Imaginário, 1999.

POSTER, M. *Teoria crítica da família*. Rio de Janeiro: Zahar, 1979.

PRIORI, M. del. (Org.) *História da criança no Brasil*. São Paulo: Contexto, 1998.

RAGO, M. *Do cabaré ao lar*: a utopia da cidade disciplinar. Brasil 1890-1930. Rio de Janeiro: Paz e Terra, 1997.

QUEIROZ, J. J. (Org.) *O mundo do menor infrator*. 3.ed. São Paulo: Autores Associados, 1987.

SCHNEIDER, L. *Marginalidade e delinqüência juvenil*. 2.ed. São Paulo: Cortez, 1987.

SENNETT, R. *O declínio do homem público*: as tiranias da intimidade. São Paulo: Companhia das Letras, 1999.

_____. *Autoridade*. Rio de Janeiro: Record, 2001.

SEVERINO, A. J. *Metodologia do trabalho científico*. 14.ed. São Paulo: Cortez Autores Associados, 1986.

TEIXEIRA, M. L. T. *Liberdade assistida*: uma polêmica em aberto. São Paulo: Forja, Instituto de Estudos Especiais da PUC/SP, 1994.

VIOLANTE, L. V. V. *O dilema do decente malandro*. 5.ed. São Paulo: Cortez Autores Associados, 1989.

VOLPI, M. (Org.). *O adolescente e o ato infracional*. 2.ed. São Paulo: Cortez, 1997.

ANEXO

Descrição dos relatos nos acompanhamentos técnicos nos processos de liberdade assistida do Cartório da Infância e da Juventude de Santa Cruz do Rio Pardo, estado de São Paulo

Para se verificar a vigilância efetuada pelos técnicos judiciários serão descritos integralmente os relatórios de acompanhamentos de seis atos infracionais do ano de 1992, do Cartório da Infância e Juventude da Comarca de Santa Cruz do Rio Pardo, estado de São Paulo, em que foram aplicadas medidas de liberdade assistida.

I – Processo número 4/93, de execução de medida sócio-educativa de A.C.B.B. Execução de medida referente ao A.I. n.269/92.
Nome: A.C.B.B., branco, sexo masculino, nascido aos 10/10/77.
Motivo: furtos de pássaros
Medida aplicada: liberdade assistida, pelo prazo mínimo de seis meses, e protetiva de orientação e acompanhamento social com avaliação psicológica.
Supervisor designado: Técnicos da Casa de Apoio ao Menor Carente Infrator.
Local de cumprimento: Casa de Apoio ao Menor Carente Infrator.

RELATÓRIO INICIAL DA CASA DE APOIO AO MENOR CARENTE E INFRATOR: CONTENDO OS SEGUINTES ITENS: *1 – caracterização do problema;*

2 – identificação do grupo familiar: *a)* responsável, *b)* idade, *c)* relação de parentesco com o menor, *d)* profissão, *e)* salário, *f)* empresa/endereço onde trabalha, *g)* demais membros; 3 – moradia (descrever de modo sucinto, esclarecendo quanto às condições físicas, salubridade, higiene, custo do aluguel); 4 – saúde: *a)* com respeito ao menor, há problemas? *b)* quais? *c)* encontra-se em tratamento onde? *d)* entre os adultos do grupo familiar há alguém doente? *e)* Quem?; 5 – situação econômica (caracterizar); 6 – relacionamento familiar (descrever resumidamente o modo de convivência do casal e deste com os menores; 7 – identificação das causas imediatas do problema; 8 – fontes de informações; 9 – solicitação.

RESPOSTAS: *1* – envolvimento com furtos de pássaros, sendo aplicada a medida de liberdade assistida com orientação e acompanhamento ao adolescente; *2* – *a)* F.C.A.; *b)* nihil; *c)* cunhado; *d)* lavrador; *e)* CR$ 200.000,00 semanal; *f)* não possui trabalho fixo; *g)* a irmã A.F. e seus três filhos; *3* – casa de 3 cômodos de madeira, onde residem 2 adultos, o adolescente e 3 crianças; *4* – *a)* sim, *b)* resfriados constantes, *c)* no Centro de Saúde, *d)* nihil, *e)* nihil; *5* – F.C. não tem trabalho fixo, renda familiar baixa. A. recebe a pensão deixada pelo pai falecido que auxilia no sustento do lar; *6* – regular, esposa afirmou que o casal não se relaciona bem, vivem juntos em função dos filhos, porém está grávida. A. quer ir morar em companhia da irmã de 19 anos, numa casa alugada para eles, futuramente pretendem retirar a genitora que está abrigada no Lar São Francisco de Paula para ir residir com eles; *7* – prosseguir por alguns meses com o tratamento pois A. não está seguro nas atividades que assume e desenvolve como o trabalho e os estudos que já abandonou neste semestre; *8* – entrevistas com a família, entrevistas individuais com A.; *9* – A. solicita autorização para residir em companhia da irmã R. de 19 anos que trabalha como manicure num salão de beleza. Pretendem viver e se sustentar sozinhos com os salários que recebem. Pede permissão e orientação a Vossa Excelência, uma vez que sua tutora é sua irmã A.F., com quem reside até então. Santa Cruz do Rio Pardo - SP. 30 de abril de 1993. (a) Técnica da Casa de Apoio ao Menor Carente e Infrator.

RELATÓRIO DE ACOMPANHAMENTO: Realizamos visita domiciliar, ocasião na qual conversamos com a irmã de A. Também realizamos entrevistas com o mesmo na entidade. Atualmente está trabalhando como pedreiro, no entanto, não tem tido assiduidade no trabalho. Recebe um salário mínimo devido à pensão deixada pelo genitor, já falecido. Não estuda e não tem interesse em dar início as atividades escolares. A. morava com a irmã de 19 anos que mudou-se para São Paulo. Atualmente mora com a irmã casada, cunhado e sobrinhos, mas não tem bom relacionamento. A mãe vive no Lar São Francisco de Paula. [...] aos 25/6/93.(a) Psicóloga.

SENTENÇA: V. Declaro extinta a medida de liberdade assistida aplicada ao adolescente A.C.B.B., já cumprida pelo transcurso do prazo fixado [...] Arquivem-se os autos a seguir. Aos 20/9/93.(a) Juiz de Direito.

RELATÓRIO DE ACOMPANHAMENTO: Neste período realizamos uma entrevista de orientação e aconselhamento com A. na entidade. A. está trabalhando como servente de pedreiro, embora sem vínculo de emprego fixo. Em 9 de julho p.p. efetuou a matrícula no curso supletivo na "E.E.P.G. Sinharinha Camarinha". Quanto as suas relações familiares e sociais: mantidas as condições anteriores. Data: 23/7/93.(a) Psicóloga.

RELATÓRIO DE ACOMPANHAMENTO: Neste período enviamos três convocações a adolescente, sendo que não compareceu aos dois primeiros chamados. Estamos aguardando sua presença. Realizamos visita domiciliar. Segundo a irmã, A. está trabalhando como servente de pedreiro e tem freqüentado regularmente a escola, no período noturno. Quanto às suas relações familiares e sociais, não contamos com informações atualizadas. Data: 23/8/93.(a) Psicóloga.

RELATÓRIO DE ACOMPANHAMENTO: Realizamos um atendimento e uma visita domiciliar. Quanto à sua atividade profissional e escolar: mantidas as condições anteriores. O relacionamento familiar melhorou, segundo o depoimento de A. e de sua irmã. Depois que o mesmo retomou os estudos e assumiu a atividade profissional com responsabilidade, os membros da família passaram a aceitá-lo e a apoiá-lo. O cerne dos conflitos era a irresponsabilidade de A., e as conseqüentes críticas e cobranças por parte da família. Ao que parece, os problemas de relacionamento foram amenizados. Data: 23/9/93. (a) Psicóloga.

II – Processo número 37/92, de ato infracional
Execução de medida (dentro dos próprios autos[1])
Nome: E.F.C.V., branco, sexo masculino, nascido aos 21/02/73.
Motivo: furto de carnes em um açougue.
Medida aplicada: liberdade assistida.

INFORMAÇÃO: O jovem em questão trabalha no Frigorífico Fripar, percebendo Cr$ 294.000,00 mensais, além do adicional de Cr$ 15.000,00 por domingo e mais Cr$ 10.000,00 por dia de entrega, ou seja, às segundas, terças e quintas-feiras. Continua cursando a 8ª série do 1º grau na E.E.P.G. Genésio Boamorte, no período noturno e tem tido dificuldades apenas em matemática (sic). A genitora está costurando no próprio lar, enquanto o genitor que é aposentado, por problemas de saúde, divide os afazeres domésticos com as filhas. Apesar da inversão de papéis o casal vive harmoniosamente e os filhos os respeitam muito. A irmã R., que está com 17 anos, está freqüentando o 3º ano do 2º grau e após o acidente de trabalho [...] não voltou a procurar emprego, pois ainda encontra-se emocionalmente abalada. A irmãzinha de 12 anos, está cursando a 5ª série do 1º grau e também auxilia nas tarefas domésticas. Era o que tínhamos a informar. 9/6/92. (a) Assistente Social-Febem.

INFORMAÇÃO: E. continua trabalhando no mesmo serviço, percebendo Cr$ 719.000,00 [...] mensais. Ele cumpre jornada de trabalho das 4:00 às 10:00 horas, demonstra estar bastante satisfeito com seu emprego, visto que além de gostar do serviço refere querer muito bem o seu patrão. Relata que logo que volta de seu serviço costuma descansar até às 12:00 hs., em seguida tem ido colaborar na construção da

---

1 Excepcionalmente, a execução da medida de liberdade assistida não se deu em autos apartados, mas dentro do próprio ato infracional.

casa de seu chefe, sem remuneração, pois acredita que todos devem se ajudar mutuamente. Está cursando a 8ª série do 1º grau, no período noturno, e acredita que não terá dificuldades em ser aprovado. E. nos relatou que continua namorando com R. e que, como pretende se casar com ela, está adquirindo material de construção, pois seu genitor já o autorizou a construir no quintal de sua casa. Indagado acerca das relações entre seus pais e sua namorada, disse que não conversou com seu genitor sobre o reatamento porque ele já havia se posicionado contrário, após a ruptura ocorrida há um ano [...] Conversamos muito com ele acerca de sua responsabilidade na impressão ruim que seu pai teve de R., uma vez que no momento de raiva ele próprio exagerou em suas colocações [...] Conforme tudo o que temos conversado com este jovem, parece-nos que vem tendo uma caminhada promissora e aos poucos tem demonstrado maior maturidade. Era o que tínhamos a informar. 16.8.92. (a) Assistente Social-Febem.

INFORMAÇÃO: E. vem se mantendo firme no mesmo emprego desde maio do ano passado. Ele demonstra muita satisfação no serviço que realiza. Quanto à escola, continua cursando a 8ª série, mas está preocupado com as matérias de matemática e ciências, pois tem tido dificuldades de compreensão e, conseqüentemente, vem tirando notas baixas, porém pretende procurar uma professora particular para que não ocorra o risco de ser reprovado. Ele continua empenhado em construir uma casa no quintal de seus pais, mas está um pouco em dúvida se deve ou não assumir logo um compromisso tão sério quanto o casamento. Orientamo-lo a conversar francamente com seus pais e sua namorada, a fim de não se precipitar nesta decisão. E. nos colocou que o ambiente familiar continua bastante harmonioso [...] Os genitores disseram que não têm nenhuma queixa quanto ao seu comportamento, muito pelo contrário, ultimamente se orgulham do filho. Este jovem tem apresentado uma excelente conduta. (a) Assistente Social – Febem. 23/10/92.

INFORMAÇÃO: Realizamos visita domiciliar e entrevistamos os genitores deste jovem, que nos informaram o seguinte: - E. continua trabalhando no mesmo serviço desde maio de 1991, com registro em carteira; [...] – sempre que necessário auxilia nas despesas do lar e quando não, costuma depositar parte dos salários em caderneta de poupança. Não é uma pessoa habituada em esbanjar, o que se nota inclusive na simplicidade com que se veste; - continua assíduo na escola, embora tenha possibilidades de ser reprovado porque vem tendo dificuldades em matemática (conforme ele próprio havia relatado); – o relacionamento familiar é muito harmonioso, o que se percebe pela forma carinhosa com que dialogam os seus genitores; – atualmente a genitora de E. está costurando calças plásticas para uma fábrica e o faz em sua própria residência. O genitor também faz pequenos consertos de rolamentos em seu próprio lar, portanto isto tem estreitado muito a convivência familiar; – ambos nos colocaram que estão muito contentes com a mudança comportamental de E. e que sentem que ele amadureceu muito. Considerando-se todos os dados coligidos e o fato de que este jovem não mais se envolveu em atos infracionais desde dezembro de 1989, somos de parecer favorável ao arquivamento da presente sindicância. Levamos, entretanto, à consideração superior. (a) Assistente Social – Febem. 5/12/92.

SENTENÇA: V. Declaro extinta, pelo cumprimento, a medida de liberdade assistida imposta ao adolescente. Feitas as anotações necessárias, arquivem-se os autos. (a) Juiz de Direito.

III – Processo número 247/93, de execução de medida sócio-educativa de A.C.O. Execução de medida referente ao A.I. n.309/92.
Nome: A.C.O., cor parda, sexo masculino, nascido aos 01/06/79.
Motivo: atos obscenos, mostrando os órgãos sexuais.
Medida aplicada: liberdade assistida, pelo prazo mínimo de seis meses, e protetiva de orientação e acompanhamento social com avaliação psicológica.
Supervisor designado: Técnicos da Casa de Apoio ao Menor.

RELATÓRIO DA CASA DE APOIO AO MENOR CARENTE E INFRATOR: CONTENDO OS SEGUINTES ITENS: *1* – quanto à freqüência do contato pessoal com o adolescente e/ou família; *2* – quanto à sua atividade profissional e escolar; *3* – quanto às suas relações (familiares e sociais); *4* – encaminhamentos; *5* – outras informações.

RESPOSTAS: *1* – A.C.O. foi abrigado na entidade em 25 de agosto p.p., mediante determinação de Vossa Excelência. *2* – mantida as condições anteriores. *3* – Os laços afetivos existentes entre mãe e filho estavam diluídos, não havendo qualquer preocupação em estabelecer limites ou controlar o comportamento do adolescente. *4* – O acompanhamento estava sendo improdutivo e a única solução foi a medida protetiva de abrigo. *5* – A mãe sofre acidente e A.C. foi visitá-la, mas não mostrou interesse em retornar ao meio familiar. (a) Assistente Social. 09/09/93.

ESTUDO PSICOLÓGICO: [...] Na infância ocorre o processo de internalização e solidificação de valores, normas e regras (formação da estrutura psíquica denominada superego), a partir da identificação com os modelos parentais. No caso em questão esse processo foi prejudicado, pois A.C. deparou-se com uma estrutura familiar doente e caótica e modelos parentais inadequados, o que reflete atualmente os padrões de conduta que vem adotando, onde a moral é invertida. Seu funcionamento psíquico é primitivo, com baixo controle dos impulsos da libido, agravando pela internalização de padrões de comportamento inadequados [...] Portanto, o quadro de sintomas do adolescente (descontrole dos impulsos sexuais, agressividade, furto,...) é resultado das falhas nas fases anteriores do desenvolvimento, da dinâmica familiar doente, onde a tônica foi o abandono emocional e moral e a ausência de modelos parentais adequados. A permanência em entidade de abrigo visa fornecer padrões comportamentais sadios, continente de afeto e segurança, contenção dos impulsos libidinosos, a partir da introjeção de um novo modelo de identificação, de forma a reordenar sua estrutura psíquica conturbada.

PARECER: profundos conflitos intrapsíquicos oriundos da infância, psicodinamismo familiar doente que agravam a crise de adolescência. Sugerimos a permanência na entidade de abrigo e encaminhamento a tratamento no centro de saúde. Atenciosamente. (a) Psicóloga. 06.09.93

REPOSTAS AO RELATÓRIO DA CASA DE APOIO AO MENOR CARENTE: *1* – neste período foram realizados duas entrevistas na entidade envolvendo o adolescente e a mãe e uma visita domiciliar; *2* – não exerce nenhuma atividade escolar ou profissional permanente na mais completa ociosidade; *3* – A situação familiar é caótica e muito grave. A genitora perdeu o controle sobre o adolescente e o rejeita abertamente, argumentando que o mesmo não tem mais jeito e deve ser encaminhado à Febem. Ambos se agridem verbalmente e fisicamente, inexistindo qualquer atitude que indique afeto e respeito. O adolescente permanece vários dias fora de casa, não se alimentando ou banhando-se; *4* – Percebe-se que os laços afetivos entre mãe e filho são diluídos, existindo uma postura materna de negligência, omissão, abandono e rejeição. A mãe apresenta rigidez de pensamento o que torna mais improdutivo o acompanhamento [...]; *5* – O adolescente continua praticando pequenos furtos, segundo informações colhidas junto à mãe e irmãos. O estado de saúde e de higiene pessoal são precários pois além de estar sempre sujo e descalço, exalando mau cheiro, apresenta escabiose em grau avançado. Encaminhamos A.C. ao médico. (a) Assistente Social. 12.8.93.

RELATÓRIO DE INFORMAÇÃO: O adolescente em tela está abrigado na entidade desde 25 de agosto do corrente ano. Apresentou progressos em diversos aspectos, pois tem realizado as tarefas que lhes são atribuídas com responsabilidade, trabalhando junto ao caseiro na limpeza do pomar e adjacências, horta, etc., nos períodos da manhã e tarde. No que diz respeito à adaptação quanto às normas e regras da entidade, seu desempenho é satisfatório, ou seja, obedece às determinações referentes a horários de banho (tendo boa higiene pessoal), refeições, trabalho, descanso, passeio, entre outros. No entanto, devido ao ambiente desregrado em que viveu, sem limites e sem exemplos positivos, esporadicamente nega-se a participar das atividades sugeridas, tornando-se agressivo [...] No entanto, tem um descontrole dos impulsos sexuais e agressivos e embora se esforce, não consegue contê-los adequadamente [...] Considerarmos que seu retorno ao meio familiar seria desastroso, pois tal ambiente, profundamente carenciador de afeto e exemplos positivos de identificação não proporcionaria oportunidade para mudanças significativas em seu comportamento [...] Era o que tínhamos a informar. (a) Assistente Social. 14/10/93.

RELATÓRIO DE INFORMAÇÃO: Conforme relatamos em comunicação anterior, o adolescente tem apresentado progressos significativos [...] Foi possível detectar progressos no que diz respeito ao controle da agressividade e impulsos sexuais. A partir da convivência na entidade, dos vínculos afetivos estabelecidos (onde encontrou continente de afeto e segurança), está aos poucos, internalizando padrões de comportamento sadio, através da introjeção de novos valores e de um novo modelo identificatório [...] Consideramos prudente e justo aguardar por mais um período, para que possamos avaliar seu desenvolvimento na Casa de Apoio antes de ser efetuada sua transferência a outra entidade. Entretanto, submetemos o caso e o parecer ao critério e decisão de Vossa Excelência. Atenciosamente. (a) Assistente Social. 25.11.93.

REPOSTAS AO RELATÓRIO DA CASA DE APOIO AO MENOR CARENTE: *1 –* A.C. está trabalhando como servente de pedreiro; *2 –* O adolescente está adaptado às normas de convivência na entidade, respeitando os limites impostos e obedecendo as regras e horários estabelecidos para cada atividade [...] (a) Assistente Social. 22/12/93.

ESTUDO PSICOLÓGICO: Como já havíamos relatado [...] o adolescente é portador de deficiência mental leve, com o quadro de debilidade desarmônica, e em função dos problemas de ordem afetiva-familiar. Este quando é irreversível, mas pode ser controlado, com supervisão contínua, ou seja, o nível de internalização dos padrões morais e sociais é baixíssimo e o adolescente responde mais a treinamento constante e não aprendizagem intelectiva [...].

CONCLUSÃO E PARECER: Acreditamos que abrigar o adolescente apenas como forma de resolver paliativamente seus conflitos familiares, sem que concomitantemente seja trabalhada sua relação com a mãe, no sentido de adequar positivamente os vínculos entre eles, não surtirá efeito [...] (a) Psicóloga Judiciária. 9/11/94.

RELATÓRIO INFORMATIVO: O jovem em questão compareceu ao atendimento agendado no dia 4/10 acompanhado da genitora e de seu irmão J.L. Durante o atendimento familiar, constatamos com clareza a rejeição materna, aliada a nítida preferência pelo filho caçula a quem são feitas somente referências elogiosas [...] A genitora apresenta sérios problemas de ordem emocional, que lhes dificultam o relacionamento com os filhos, o que se constata nas atitudes inadequadas que toma, ora sendo extremamente condescendente com seus erros, ora tornando agressiva [...] Efetuamos visita domiciliar nesta data e constatamos que o jovem continua ocioso, a genitora informa que ele retorna alcoolizado e vem apresentando péssimo comportamento. Ela nos informou, ainda, que nenhum dos filhos quer estudar e que a filha R. (12 anos) fugiu há 2 semanas com um parque, que está atualmente em Fartura. Face ao fato de termos mantido apenas 2 contatos com o jovem, sugerimos a prorrogação da medida por mais 6 meses. Levamos o caso a apreciação superior. (a) Assistente Social- Febem. 14/12/94.

INFORMAÇÃO: O jovem em tela encontra-se em atendimento desde setembro de 1994. Ele vem apresentando boa conduta, pois é trabalhador e por ser portador de rebaixamento mental significativo, não reúne condições de freqüentar a escola [...] Levamos o caso a apreciação superior.

SENTENÇA: V. Declaro extinta, pelo cumprimento, a medida sócio-educativa aplicada ao menor A.C.O. [...] SCRPardo, aos 2 de maio de 1995. (a) Juiz de Direito.

> **IV** – Processo número 330/93, de execução de medida sócio-educativa de D.O.
> Execução de medida referente ao A.I. n.344/92.
> Nome: D.O., branco, sexo masculino, nascido aos 12/02/75.
> Motivo: furto.
> Medida aplicada: liberdade assistida, pelo prazo mínimo de seis meses.
> Supervisor designado: Assistente Social da Febem

INFORMAÇÃO: A comarca de Santa Cruz do Rio Pardo conta com o projeto Casa de Apoio ao Menor Carente e Infrator, que mantém convênio com a Febem, com a finalidade de dar atendimento aos adolescentes autores de atos infracionais. Tendo em vista que a nossa atuação nas comarcas da região tem o mesmo objetivo, naquelas nas quais a Febem mantém convênio, cabe-nos apenas a supervisão aos projetos a fim de que possamos ter maior disponibilidade de tempo para nos dedicarmos ao acompanhamento dos adolescentes infratores, com medida de Liberdade Assistida, nos demais municípios. Diante do exposto, solicitamos autorização para deixar de assumir a acompanhamento do adolescente citado. Levamos, entretanto, o caso à apreciação superior. Aos 8/9/93. (a) Assistente Social-Febem.

DESPACHO DO JUIZ: V. Designo acompanhante do caso o Comissário de Menores L.C.M. Ciência [...] (a) Juiz de Direito.

INFORMAÇÃO: Em contato com o voluntário que vinha acompanhando este adolescente, fomos informados que no momento ele está trabalhando, porém é muito imaturo e influenciável, por isso ele acredita que seja conveniente dar continuidade por mais alguns meses. Considerando-se que ele está inserido na lista dos adolescentes a serem atendidos em grupo, parece-nos que seria benéfico a prorrogação da medida por mais seis meses. Levamos o caso à apreciação superior. Aos 10/8/94. (a) Assistente Social-Febem.

DESPACHO: Em face do parecer da assistente social e da manifestação do Dr. Curador da Infância e da Juventude [...] prorrogo, por mais seis meses, a medida de liberdade assistida aplicada ao adolescente D.O. [...] (a) Juiz de Direito.

INFORMAÇÃO: O jovem em tela recebeu orientação assistemáticas do Sr. L. e, segundo a genitora, vem apresentando boa conduta. D. começou a participar do grupo de orientação de Bernardino de Campos, pois encontra-se com a medida de Liberdade Assistida nos processos 330/93 e 493/93. Ele está atualmente trabalhando, porém parou de estudar. A genitora acredita que a participação de D. no grupo será de extrema valia para a consolidação de algumas decisões quanto a postura frente a vida [...] Sugerimos a prorrogação até dezembro p.f. Levamos, entretanto, à consideração superior. Aos 21/9/94. (a) Assistente Social-Febem.

DESPACHO: V. Declaro extinta, pelo cumprimento, a medida de liberdade assistida aplicada ao adolescente D.O. [...] 3.11.94. (a) Juiz de Direito.

RELATÓRIO INFORMATIVO: D. teve medida de L.A. prorrogada no dia 29/8 p.p., passando a participar do atendimento grupal no dia 6/9. Ele não foi assíduo nas reuniões, registrando alto índice de faltas e sem justificativas convincentes. O grupo familiar deste jovem apresenta sérios problemas de estruturação, pois o irmão também é infrator, a irmã é mãe solteira e um pouco negligente com o filho. A genitora tem dificuldades de impor limites aos filhos porque ela própria vive uma vida irregular, amasiada com um homem alcoólatra, que não é aceitos pelos filhos. D. apresenta-se imaturo, irresponsável e inconseqüente, seguindo seu modelo familiar. Não voltou a infracionar, porém não está estudando e é inconstante no trabalho, preferindo a ociosidade. Nos atendimentos grupais seu comportamento foi dissimulado, com atenção dispersa, demonstrando pouca receptividade às orientações das técnicas e não levando a sério o cumprimento da medida aplicada. Como o seu comportamento decorre da dinâmica familiar inadequada, acreditamos que a medida deva ser prorrogada e abranger toda a família, buscando melhor adequação e estruturação familiar. Levamos o caso à apreciação superior. Aos 21/12/94. (a) Assistente Social-Febem e (a) Psicóloga Judiciária.

RELATÓRIO INFORMATIVO: D. procede de família desestruturada devido ao abandono do genitor e, principalmente por causa da postura inadequada de sua genitora. D. A. é bastante prolixa em suas colocações, dada ao papel de vítima e ao mesmo tempo assume a posição de "salvadora" da família, o que faz ser permissiva e até omissa na educação dos filhos, porém se defende alegando que precisa trabalhar, e por isso não dispõe de tempo para orientá-los. O jovem em tela vem sendo acompanhado por nós, em vários processos, de forma contínua há aproximadamente 5 anos, porém não temos conseguido obter muito progresso porque o grupo familiar é resistente à orientações, embora se mostrem pseudo-cooperantes. A problemática familiar tem como base questões muito profundas, tais como: –

genitora portadora de distúrbios emocionais, além da forte tendência a se unir a homens etilistas, que acabam provocando problemas na convivência familiar; – genitora completamente despreparada para assumir o papel de educadora, tendendo a culpar os filhos por todos os problemas vivenciados; – dificuldades econômicas sérias, que repercutem no relacionamento familiar; – todos são extremamente imediatistas, por isso apesar de quase todos os filhos serem já adultos, somente a genitora trabalha, pois o que lhes importa é terem alimento para o dia. Diante desta situação familiar, D. não se emprenha com afinco para modificar seu modo de viver. Apesar de D. não comparecer com assiduidade aos atendimentos, não tem infracionado e diante de sua resistência em receber orientações, parece-nos desnecessário continuar com o atendimento. Levamos o caso a apreciação superior. 28/3/95. (a) Assistente Social-Febem.

V – *Processo número 377/92, de execução de medida sócio-educativa de R.C.C.*
Execução de medida referente ao A.I. n.228/92.
Nome: R.C.C., branco, sexo masculino, nascido aos 08/09/75.
Motivo: furto e porte ilegal de arma.
Medida aplicada: liberdade assistida, pelo prazo mínimo de seis meses.
Supervisor designado: Assistente Social da Casa de Apoio ao Menor Carente e Infrator.

RELATÓRIO DE ACOMPANHAMENTO DE LIBERDADE ASSISTIDA: Em atendimento à determinação de Vossa Excelência está sendo realizado o acompanhamento mensal com o adolescente mencionado acima. No segundo contato com o jovem R.C.C. relatou este que estava decidido a não cometer atos infracionais. Está iniciando um curso de informática que será realizado aos sábados; foi aprovado e providenciou a matrícula escolar para o próximo ano letivo. Alegou que às vezes desanima do padrão de vida que leva; trabalhar o dia todo e ao chegar em casa para repousar em dia de chuva, encontra goteiras até em cima de sua cama. Os eletrodomésticos que têm em sua casa (aparelho de som, televisão, bicicleta) foi comprado com o seu salário, revolta-se com o pai ao lembrar que quando pequeno, várias vezes presenciou cenas, até mesmo de agressão física de seu pai para com sua mãe, hoje em dia isso não mais ocorre, mas seu pai nunca tomou iniciativa para que pudessem melhorar sua vida, "é uma pessoa muito acomodada e aceita tudo aquilo que tem", quem toma as decisões em sua casa é sua mãe. Percebemos que é um adolescente de temperamento forte e não foram impostos os limites necessários para a sua criação. É um jovem trabalhador, não falta ao serviço e tem um relacionamento satisfatório com os companheiros de trabalho. Quanto às medidas impostas em sua sentença de Liberdade Assistida alegou estar cumprindo "à risca". Sem mais para o momento. Aos 11/12/92. (a) Assistente Social.

RELATÓRIO DE INFORMAÇÃO: Realizamos entrevista com o adolescente R.C.C., o qual até o momento não demonstrou nenhuma irregularidade em seu comportamento, é um adolescente trabalhador, permanece na mesma firma já mencionada, está cursando as aulas de computação aos sábados, e retornará as aulas na escola E.E.P.G. Sinharinha Camarinha no dia 15 de fevereiro, é um acompanhamento de orientação, R. é um adolescente que luta para conseguir melhorar as suas condições de vida, é consciente dos atos que cometeu: "foi um momento de bobeira", e que não tem mais intenção em se prejudicar [...] Sem mais para o momento era o que tínhamos a informar. Atenciosamente. Em 3/2/93. (a) Assistente Social.

RELATÓRIO DE ACOMPANHAMENTO: O adolescente compareceu regularmente nas entrevistas mensais, a genitora nos auxiliou, esteve sempre muito pronta em nos fornecer informações a respeito do comportamento de seu filho nas visitas por nós realizadas. Quanto a sua atividade profissional e escolar – Atividade profissional: Marmoraria Nossa Senhora Aparecida. Atividade escolar: matriculado na 7ª série do 1º grau, freqüenta o curso System Plus Informática. A genitora relatou que seu filho tem uma vida social ativa, durante a semana permanece pouco tempo em sua residência, trabalha o dia todo e a noite vai para a escola, é de pouco diálogo com os familiares, não aceita conselhos, mas que melhorou muito e está mais responsável [...] Aos 14/4/93. (a) Assistente Social.

SENTENÇA: V. Declaro extinta, pelo cumprimento, a medida sócio-educativa imposta ao sindicado [...] Aos 07/6/93.(a) Juiz de Direito.

VI – *Processo número 394/92, de execução de medida sócio-educativa de A.C. Execução de medida referente ao A.I. n.241/92.*
Nome: A.C., cor parda, sexo masculino, nascido aos 29/08/77.
Motivo: furto de bicicleta.
Medida aplicada: liberdade assistida, pelo prazo mínimo de seis meses.
Supervisor designado: Profissionais da Casa de Apoio ao Menor Carente e Infrator.

RELATÓRIO DE ACOMPANHAMENTO: [...] O adolescente tem comparecido regularmente aos atendimentos, que são mensais. Foi realizada uma visita domiciliar, ocasião em que foi possível realizar entrevista com a madrasta [...] A. freqüenta a E.E.P.G. "Arnaldo Moras Ribeiro" no período noturno, cursando a 6ª série, com bom aproveitamento. Trabalha como servente de pedreiro, sem que haja um vínculo empregatício fixo [...] O conflito familiar gira em torno da rejeição aberta da madrasta em relação a A. O pai permanece em posição de neutralidade, não o mandando embora (mesmo diante dos contínuos apelos da companheira), mas também não o defende das constantes agressões verbais. No entanto, o laço afetivo entre pai e filho é bastante fortalecido, existindo um bom relacionamento. O pai é sua fonte de afeto, seu continente afetivo. Atualmente está namorando uma colega de escola, e afastou-se do grupo de amigos em virtude desse novo interesse [...] O adolescente parece dispor de recursos internos para lidar com o ambiente familiar hostil. No âmbito escolar e profissional tem demonstrado interesse e responsabilidade. Percebemos que está respondendo adequadamente aos atendimentos realizados, demonstrando grande interesse na reestruturação de sua vida. Atenciosamente. Aos 15/04/93. (a) Psicóloga.

RELATÓRIO DE ACOMPANHAMENTO: [...] Realizamos visita domiciliar duas vezes. Contato com o adolescente na entidade e visita na escola estadual onde o mesmo está matriculado [...] A. não está trabalhando, e justifica que está aguardando iniciativa do pai, que prometeu levá-lo para trabalhar consigo. No âmbito escolar apresenta problemas de disciplina, com aproveitamento razoável, conforme informações em anexo [...] O relacionamento familiar é permeado de conflitos, pois a madrasta não aceita A. e assume sua rejeição abertamente, inclusive perseguindo-o. Atualmente está namorando uma colega de escola e, por esse motivo, não tem saído com o grupo de amigos [...] Sugerimos que o acompanhamento seja prorrogado, haja vista que o conflito familiar tem refletido negativamente no aspecto da escolaridade. Também objetivamos sua inserção no mercado de trabalho, já que tem permanecido na ociosidade. Em 11/6/93. (a) Psicóloga.

DESPACHO JUDICIAL: V. Diante da sugestão da orientadora e do parecer favorável do representante do Ministério Público, prorrogo por mais seis meses, a medida imposta ao adolescente A.C. [...] Aos 12/7/93. (a) Juiz de Direito.

RELATÓRIO DE ACOMPANHAMENTO: [...] Foi realizada uma visita domiciliar e um atendimento ao adolescente na entidade. O mesmo não compareceu ao atendimento anterior [...] Está trabalhando como pintor, mas sem vínculo de emprego fixo. Continua freqüentando a E.E.P.G. "Arnaldo Moraes Ribeiro", cursando a 6ª série. Seu aproveitamento é regular, mas apresenta problemas quanto à freqüência e disciplina [...] O pai permanece ausente por longos períodos, pois às vezes realiza trabalhos em outras cidades, e não assume plenamente a educação do filho, deixando-o a cargo da madrasta. Esta, por sua vez, o rejeita abertamente e considera que a educação de A. não faz parte de suas obrigações. A mãe biológica é omissa. Incluiremos os pais nos próximos atendimentos, pois há que se redefinir papéis e estabelecer limites, já que ambos têm sido omissos e negligentes. Data: 4/7/93. (a) Psicóloga.

RELATÓRIO DE ACOMPANHAMENTO: [...] Neste período A. foi convocado para comparecer na entidade três vezes, mas não compareceu. Realizamos visita domiciliar e solicitamos o comparecimento do pai e madrasta na entidade, que responderam ao nosso chamado. A mãe, por sua vez, não compareceu [...] Entramos em contato com o diretor da E.E.P.G. "Arnaldo Moraes Ribeiro", que informou-nos sobre os distúrbios de comportamento de A. – é agressivo, desrespeitando os professores, falta muito às aulas e está trazendo inúmeros problemas a escola pois está influenciando os outros alunos, que passaram a "cabular" as aulas em sua companhia. Apesar das faltas (total de 84 no 1º semestre) alcança boas notas. Não está trabalhando. No único acompanhamento A. estava apresentando progressos, mas atualmente apresenta sérios distúrbios de comportamento, conforme dados colhidos junto ao pai e a madrasta. A. permanece na mais completa ociosidade, na companhia de rapazes de conduta desregrada. Chega em casa altas horas da noite, drogado, furta objetos da família para vender à terceiros, leva a namorada para manter relação sexual em seu quarto, faz ameaças de agressão física à madrasta e à tia que reside junto à família, etc. [...] Daremos continuidade ao acompanhamento através de entrevistas de orientação e aconselhamento ao pai e à madrasta, bem como ao adolescente. Novamente solicitaremos à presença da mãe na entidade. Data: 22/9/93. (a) Psicóloga.

RELATÓRIO DE ACOMPANHAMENTO: realizamos entrevista de orientação com A., na companhia do genitor [...] Devido a problemas de ordem salarial e aos distúrbios de comportamento de A. (os quais acentuavam os conflitos no relacionamento com a madrasta), o Sr. A.C., genitor, demitiu-se do emprego e está trabalhando como pedreiro juntamente com o filho. Permanecem numa propriedade rural durante a semana e retornam para a casa aos sábados. A. abandonou suas atividades escolares [...] O pai trabalhava anteriormente em outra cidade, e encontrava-se com a família esporadicamente. A mãe não assume a responsabilidade pela educação de A., e nem sequer compareceu à entidade, quando foi solicitada sua presença [...] Segundo o pai, sua presença contínua junto ao filho sanou em grande parte seus problemas de comportamento. Data: 18/11/93. (a) Psicóloga.

RELATÓRIO DE ACOMPANHAMENTO: Realizamos um atendimento com o adolescente na entidade [...] A. está trabalhando na companhia de seu pai como servente de pedreiro, freqüentando a 6ª série do período noturno da nova escola do Jd. Eldorado [...] Houve progressos no comportamento de A., o pai está conseguindo impor limites ao filho. Aos 24/2/94. (a) Assistente Social.

SENTENÇA: V. Declaro extinta, pelo cumprimento, a medida imposta ao adolescente A.C. [...] Aos 11/4/94.(a) Juiz de Direito.

RELATÓRIO DE ACOMPANHAMENTO: [...] Neste período realizamos uma entrevista com o genitor. O adolescente não compareceu ao chamado [...] Abandonou a escola e o serviço como servente de pedreiro [...] O Sr. A.C. informou que seu filho tem apresentado problemas de comportamento, andando com más companhias, retornando altas horas da madrugada para a casa. Aos 12/4/94. (a) Assistente Social.

Uma amostragem comparativa: Descrição de um processo de Liberdade Assistida do ano de 2000, do Cartório da Infância e Juventude de Santa Cruz do Rio Pardo, estado de São Paulo.

*1 – Processo número 501/00, de execução de medida sócio-educativa de E.C.C.
Execução de medida referente ao A.I. n;127/00.
Nome: E.C.C, cor morena, sexo feminino, nascida aos 10/10/85.
Motivo: agressão.
Medida aplicada: liberdade assistida, pelo prazo mínimo de seis meses.
Supervisor designado: Assistente Social da Febem.*

RELATÓRIO DE ACOMPANHAMENTO: A fim de subsidiar decisão desse Juizado em relação ao cumprimento da medida sócio-educativa de Liberdade Assistida, temos a informar que: A jovem em tela vem cumprindo o período proposto na medida aplicada, pois iniciou no dia 9/01/01. Comparece às convocações acompanhada da mãe ou irmã. Isto quando E. não foge de casa. Durante o atendimento demonstrou ignorar as normas e regras da família e sociedade. Não tem noção de higiene pessoal e das conseqüências de ingerir bebida alcoólica para a saúde e por fazer tratamento com medicamentos. Deixou claro que prefere ficar na casa dos pais biológicos pois os mesmos não a impedem de fumar e beber, que gosta da disciplina e hábitos da família. Na presente data a mãe demonstrou sem recursos para administrar as atitudes da filha e emocionalmente fragilizada. Levamos entretanto, à consideração superior. Aos 16/02/01. (a) Psicóloga.

RELATÓRIO DE ACOMPANHAMENTO: [...] A jovem em tela vem cumprindo o período proposto pela medida aplicada, pois a iniciou no dia 9/01/2001, esta comparecendo em todas as convocações. Segundo informações de sua genitora, E. foi internada para tratamento químico [...] no dia 28 p.p. Levamos entretanto a consideração superior. Aos 04/05/01. (a) Psicóloga.

RELATÓRIO DE INFORMAÇÃO: [...] O jovem em tela não compareceu neste setor no período de 28/04 à 01/07/001, pois estava em tratamento químico [...] Reiniciou o cumprimento da medida aplicada, alegou estar bem, que não quer mais contato com os amigos de antes, e que gostaria de elaborar algum trabalho de dança com crianças carentes (citando ter habilidades e gostar). Levamos entretanto a consideração superior. Aos 15/08/01. (a) Psicóloga.

RELATÓRIO DE ENCERRAMENTO: [...] A jovem em tela vem cumprindo o período proposto na medida aplicada, pois a reiniciou no dia 02 de julho de 2001 e vem comparecendo à todas as convocações a partir desta data. Não freqüentou nenhuma escola no corrente ano. Iniciou em 11/09 p.p. curso de dança, oferecido pela Prefeitura Municipal aos menores dos Núcleos Infanto Juvenil [...] Segundo informações de sua genitora seu comportamento em casa melhorou e o social esta regular. Diante do exposto, somos de parecer favorável ao encerramento do presente caso. Era o que tínhamos a relatar. Aos 19/11/01. (a) Psicóloga.

SOBRE O LIVRO

Formato: 14 x 21 cm
Mancha: 23,7 x 42,5 paicas
Tipologia: Horley Old Style 10,5/14
Papel: Offset 75 g/m² (miolo)
Cartão Supremo 250 g/m² (capa)
1ª edição: 2006

EQUIPE DE REALIZAÇÃO

Coordenação Geral
Marcos Keith Takahashi

Impressão e Acabamento